이상 유아

친구
유아몽
까라

영어를 못하는 여행객이라 하더라도 해외에 나가서 외국인을 접하다 보면 누구나 한마디 말을 표현하고 싶어지게 마련입니다.

하지만 막상 해외여행 길에 올라보면 평소 알고 있다고 생각하던 쉬운 말들도 쓰려고 하면 입 속에서 뱅뱅 맴돌기만 할 뿐 서로 표현이 생각이 나지 않아서 무척이나 답답하였던 경험이 한 번쯤은 있을 겁니다.

이 책은 그런 답답함을 겪지 않도록 외국에 나가게 되었을 때 겪게 되는 상황에 맞추어 자주 쓰이는 간단한 표현의 회화와 서로 다른 문화적 특성으로 실수하지 않도록 꼭 필요한 여행정보를 실었습니다.

먼저 우리말 표현을 쓰고 그에 맞춰 영어와 한글로 발음을 표기해 놓았기 때문에 원하는 내용을 쉽게 찾아볼 수 있도록 하였습니다.

발음 표기는 최대한 실제 발음과 비슷하게 우리말로 표기를 하였으나. 간혹 글자의 원래 발음으로 표기하기가 곤란한 경우에는 다소 다르게 표기하더라도 쉽게 읽을 수 있도록 하였습니다.

따라 읽으면 되는 여행영어로 해외에서 맞게 될 급박한 상황에 지혜롭게 대처하여, 한 마디 말로 여행의 재미를 더 할 수 있게 되길 바랍니다.

CONTENTS

호텔에서 In the Hotel   71

CONTENTS

CONTENTS

01

기본회화

여행 전 준비

01 비자와 여권 체크

※ **여권(PASSPORT)이란?**

 국가가 대외적인 목적으로 발행하는 신분증이며 국외로 나가는 자국민의 안전을 상대국에 요청하는 문서로서 해외에서는 한국인임을 증명하는 **국제 신분 증명서**이다.

여권은 발급자의 신분과 여권 기한 등의 특성에 따라 나누어진다, 단수여권, 복수여권, 관용여권, 외교관여권, 임시여권, 군인여권, 동반자여권 등이 있다.

여권의 유효기간은 최소 3개월에서 6개월 이상 남아있어야 한다.

※ **여권의 종류와 발급대상**

■ **일반여권**

• 복수여권

일반적인 국민을 대상으로 한 여권으로 기간은 5년이며 1회에 한하여 기간 연장이 허용되어 10년 사용가능하다,

• 단수여권

1년 기한 안에 1회 출국만이 가능하며 본인에 요청에 의한 경우나 상습적인 여권 분실자로 관계기관에 조사를 받고 있는 사람에게 발급한다.

■ 관용여권

공무상으로 국외 여행을 해야하는 공무원 및 정부 투자기관 임원 및
직원 등에게 발급한다.

■ 거주여권

해외 이주, 국외 입양, 해외장기 체류자에게 발급한다.

※관용여권과 해외이주(이민)여권은 외교통상부 여권과에 신청.

※ 여권 신청에 필요한 서류

- 최근 6개월 이내에 촬영한 사진 2장(3.5CmX4.5Cm)
- 최근 2개월 이내에 발급 받은 주민등록등본/주민등록증
- 신원 진술서 3부
- 병역 관계 서류(만 18세 이상 남자만 해당)
- 군필자는 읍, 면, 동에서 발행한 국외여행신고서 1부
- 미필자는 지방병무청에서 발행한 국외여행허가서 1부

※ 여권 발급절차

여행 전 준비

※ 비자(VISA)란?

개인이 타국으로 들어가려고 할 때 자기 나라 또는 체재 중인 나라에 있는 그 나라 대사·공사·영사로부터 여권의 검사를 받고 서명을 받는 일이다. 타국인에게 발급하는 **자국 입국 허가증**으로 비자 발급은 발급국 고유의 권한으로 거절할 수도 있다. 또한 비자를 발급받아도 공항에서 입국을 거절당할 수도 있고 특정 질환에 대한 신체검사를 요구하는 국가도 있다.

※여행 일정에 비자 취득에 필요한 소요 일자를 확인해야 한다.

02 각종 증명서

◆ 국제 학생증

세계 어디서나 통용되는 학생증으로 미리 준비하여 가면 여러가지 할인 혜택을 받을 수 있게 된다. 학생증 사본, 반명함판 사진 1매를 가지고 신청을 하면 된다.

◆ 유스호스텔 회원권

세계 각국의 유스호스텔을 사용할 수 있는 회원증으로 한국유스호스텔 연맹에서 발급한다.

◆ 국제운전 면허증

여행지에서 직접 운전을 할 것이라면 준비해야 한다. 신청은 관할 운전 면허시험장에서 한다.

03 긴급상황 체크

※ 여행 가기 전에 꼭 체크하여야 할 것들

- 투숙 호텔 주소
- 위급할 경우 연락처
- 대사관(대한민국) 주소
- 수신자부담 전화번호
- 여분의 여권 사진
- 분실을 대비한 여권과 항공권의 복사본

04 환전율

환율은 매일 바뀌므로 출발하기 전에 환전하는 것이 좋다. 환전은 세계 30여 개국의 각종 화폐가 준비되어 있는 인천공항 환전소에서의 환전이 가장 편리하다. 미국은 달러, 유럽을 여행할 때는 유로화로 준비한다. 환전을 하려면 여권을 구비해야 하며 1회 가능 환전 액수는 미국 달러 1만 달러로 가능한 한 해당 각국 화폐로 한국에서 미리 바꾸어 가는 편이 유리하다. 매일 변하는 환율 변동에 따른 불이익과 수수료를 떼기 때문이다 즉, 환전하는 횟수가 많을수록 불리하다.

여행 전 준비

05 여행자 보험

여행 중에 질병이나 사고를 대비하여 가입하는 보험으로 가입절차도 간단하고 비용도 저렴하다. 여행사를 통해 여행할 경우 여행사에서 단체로 가입하는 경우가 많다.

06 여행자 수표

여행자 수표는 현금보다 환율이 좋고 분실이나 도난 사고시에도 회수가 가능하다는 점과 현금보다 휴대하기 간편하다는 점에서 편리하다. 하지만 단점으로는 현지에서 현금으로 재환전할 때 여행자 수표를 발행한 은행을 제외한 일반 환전소에서는 수수료를 받는다는 것이다.

여행자 수표의 종류에는 여러 가지가 있는데 유럽에서는 토마스 쿡 여행자 수표가 미주, 동남아, 호주에서는 아메리칸 익스프레스 및 시티뱅크 여행자 수표가 유리하다.

07 신용카드

카드를 이용한 현금 서비스는 일반 회원의 경우 신용도에 따라 1~2천 달러(US$), 골드 회원은 2천 달러(US$)까지 인출이 가능한데 현금 인출기에서 1회 5백 달러(US$)만 인출이 가능하므로 2~4회에 나누어 인출하면 된다.

국제적으로 통용되는 카드로는 Master Card, American Express Card, Diners Club Card, Visa Card 등이 있다.

08 현금

현금은 쓰기에는 편리하지만 분실할 위험이 있으므로 보통 총 경비의 70%를 여행자 수표(T/C)로, 나머지 30%를 현금으로 준비하는 것이 좋다. 또 팁으로 줄 잔돈을 준비하면 편리하다.

09 개인준비물

① 가급적 필수품을 철저히 준비한다.

② 복장은 방문국의 날씨에 맞춰 준비한다.

③ 지병이 있는 경우 의사와 상의해 영문 처방전을 준비한다.

④ 일상 상비약 등 구급 약을 준비한다.

⑤ 준비물 목록 (2주 체류 기준)

☞ 양복 2벌(한 벌은 상하 콤비로 스웨터나 티셔츠볼 받쳐 입을 수 있는 캐주얼), 구김이 안 가는 바지, 스웨터, 티셔츠, 팬티, 가벼운 운동복, 와이셔츠, 런닝, 넥타이, 양말 각 3~4벌, 초봄·가을에는 코트

⑥ 화장용품, 면도기, 헤어드라이어, 치약, 칫솔

⑦ 바늘과 실, 단추, 우산

여행 전 준비

01 각 지역에 맞는 복장

여행 복장은 여행의 목적에 따라 다르다. (관광·비즈니스)
입고 있는 옷에 따라 외국인들의 대접이나 반응이 결정된다. 복장에
신경을 쓰지 않으면 비행기에서도 좋은 자리에 앉기 어려울 뿐 아니
라, 입국시 불필요한 질문을 받거나. 짐 검사도 낱낱이 당하는 푸대
접을 당할 수 있다. 상담 시에는 비즈니스맨으로서 예의를 갖춘 정
장을, 관광시에는 청바지와 티셔츠처럼 활동성이 편하고 더러움이
별로 타지 않는 옷이 적당하다. 겨울에는 청바지, 스웨터, 짧은 점퍼
를 준비하는 것이 좋다. 티켓, 돈 등을 보관할 수 있도록 주머니가
많은 것이 좋다.

※ 기후에 맞게 옷을 준비한다.

- 태국(방콕)-연중 무더운 날씨로 선글라스, 모자 등을 준비해야
  하며 5월에서 10월의 우기에는 우비를 준비한다.

- 대만(대북)-여름 복장이면 무난하며, 겨울은 우기이므로 우비
  를 준비하는 것이 좋다.

- 필리핀·싱가폴-땀 흡수가 잘 되는 여름 옷을 준비한다.

- 미국-서부지역
  연중 온화하며 건조한 날씨가 많아 한국의 봄 가을 복장을 준비

하면 된다. 겨울에 로스엔젤레스를 여행할 경우 스웨터나 카디건 등을 준비한다.

- 미국-동부 지역 뉴욕 등지에서는 여름은 비교적 온화하나 겨울에는 한국의 겨울 복장을 준비한다.

- 미국-하와이 한국의 여름 복장이면 무난하고. 선글라스와 모자를 준비 한다.

- 캐나다(밴쿠비) 비교적 온화한 날씨이며, 어름에노 서늘하나. 산악지대를 여행할 때에는 스웨터나 방한복을 준비한다.

- 멕시코-기온이 온화하며 한국의 봄, 가을 복장을 준비한다.

- 브라질, 아르헨티나-한국과 계절이 반대이다. 여름에는 가벼운 셔츠 차림이 적당하며 겨울에는 보온이 가능한 점퍼나 긴 팔 셔츠를 준비한다.

- 시드니-한국과 계절이 반대이며. 연중 시원한 날씨로 한국의 봄, 가을 복장이 적당하다. 밤에는 쌀쌀하므로 카디건을 준비하여야 한다.

- 로마-약간 덥고 건조, 복장은 한국 기온에 맞추어 준비한다.

여행 전 준비

- 오클랜드-한국과 계절이 반대이며, 연중 기온차가 심하지 않다. 겨울에는 우비를 준비한다.

- 괌, 사이판-한국의 여름 옷을 준비한다.

- 런던-여름에는 시원하므로 긴 팔 셔츠가 좋으며, 10~4월까지는 방한복을 준비해야 한다.

- 파리-여름은 기온이 불규칙하므로 셔츠를, 겨울에는 코트나 방한복을 준비한다,

- 제네바-여름에도 스웨터나 가디건이 필요하며, 겨울은 추위가 매우 심하므로 방한구를 단단히 준비한다.

- 암스테르담-여름에는 온도와 습도가 적당하며 겨울에는 안개와 비가 잦으므로 두꺼운 코트나 우비를 준비한다.

01 에티켓

※ 인사할 때 에티켓

외국인과는 악수(Shaking Hands)가
가장 일반화된 인사법이다 악수 외에는
목례(Bow), 포옹하며 양볼에 키스 나
누기(Embrace), 여성의 손등에 입맞
추기(Kissing Hand)들이 있나

악수 자세는 가벼운 미소를 지으며 상대의 눈을 바라본다. 상대의 키
가 큰 경우 약간의 거리를 두고 손을 잡아 시선을 자연스럽게 맞춘다.
상대가 여성인 경우 원칙적으로 여성이 먼저 손을 내미나 요즘은 남
성이 먼저 손을 내밀어도 결례가 아니다. 악수는 연장자가 먼저 청하
는 것이 예의이다. 악수를 하면서 고개를 숙이는 것은 외국인에게 비
굴하게 보이거나 자신 없어 보인다. 비즈니스맨의 경우 악수를 하며
상대 국가의 말로 간단한 인사를 하면 친근감을 준다.

이탈리아, 독일, 스페인, 프랑스 등에서는 명함에 적는 호칭이 많다.
박사학위가 있고, 교수이며, 변호사를 겸하고 있다면 이름 앞에 모든
직함을 열거한다. 중국에서는 형식을 중시하며 회사명, 직명, 이름순
이다. 상대가 자기 이름을 불러 달라고 말하기 전에 자신의 판단으로
상대의 이름을 먼저 부르는 것은 결례이다.

여행 전 준비

※ 대화할 때 에티켓

구미인들은 상대의 시선을 바라보며 대화한다. 시선은 상대의 정신상태를 나타낸다고 생각하여 대화시 시선을 안 주면 무관심한 것으로 오해한다. 불필요한 몸짓 손짓 행동을 하면 상대방에게 오해를 산다. 만일 시선을 옆으로 돌리면 이 장소에서 벗어나고 싶은 것으로 판단한다. 시선을 윗쪽으로 하면 자신 없는 자세로 보거나, 무언가를 생각하려는 것으로 비친다. 또한 상대를 무시하는 의미로도 인식된다. 시선을 아래쪽으로 내리면 사물을 논리적으로 사고하고 있다는 표시이며, 상대를 무시하고 있는 것으로 비친다.

※ 호칭 부르기

여성을 부를 때 영어권에서 미혼은 "미쓰(Miss)", 기혼은 "미쎄스(Mrs)"로 부른다. 결혼 여부를 모를 때는 "미즈(Ms)"로 부르는 경우가 많다. 독일에서는 미혼은 "후로이라인(Fraulein)", 기혼은 "후라우(Frau)" 라고 부른다. 프랑스에서는 미혼 기혼을 모두 "마담"으로 부른다. 마담은 여성의 경칭으로 사용되기 때문에 굳이 "마드모아젤"을 사용할 필요가 없다. 식당에서 종업원을 부를 때 "헬로(Hello)"나 "해이(Hey)" 라고 해서는 안 된다. 남성은 "웨이터(Waitrer)", 여성은 "웨이트레스(Waitress)" 라고 부른다. 종업원이 서브했을 때 "감사하다(Thanks)" 라는 말은 하지 않아도 된다.

※ 바디랭귀지

언어 소통이 안 되는 외국에서 몸짓 손짓도 때로는 유용한 의사 전달 수단이 될 수가 있지만 자칫 잘못하면 자신의 의도와는 다르게 난처한 경우에 처할 수도 있다. 때론 잘못된 몸짓 손짓이나 태도로 감옥에 가고 목숨을 잃는 경우도 있다.

■ 각국의 제스처와 의미

◉ 손바닥을 위게고 하여 손짓
- 누군가를 오라고 부르는 의미(중동, 극동지역)
- 가라는 의미(서구지역)

◉ 손가락으로 하는 링 사인
- 돈(한국, 일본)
- 무가치함(남부 프랑스)
- OK표시(미국, 서유럽)
- 외설적인 사인(브라질. 남미)

◉ 손바닥을 바깥쪽으로 향한 V자 사인
- 승리(유럽)
- 욕(그리스)

◉ 손등을 바깥쪽으로 향한 V자 사인
- 꺼져버려(영국, 프링스)
- 승리(그리스)

◉ 손바닥을 펴서 흔드는 행위
- '안녕'의 의미(유럽, 한국 등)
- 무챠 – 당신의 일이 잘되지 않기를 바란다(그리스)

◉ 어깨를 으쓱하면서 양손바닥을 하늘로 향하게 하는 행위
- '내가 무엇을', '나는 모르겠는데'(구미)

◉ 수평으로 뿔 안들기 •악령에 대한 자기방어의 표시(유럽)

◉ 두 손가락을 맞대는 행위 • 남녀의 동침 의미(이집트)

가족

할아버지	Grand father	그랜드파더
할머니	Grandmother	그랜드마더
아버지	Father	파더
어머니	Mother	머더
남편	Husband	허즈번드
아내	Wife	와이프
부부	Husband and Wife / Couple	허즈번드 앤 와이프/커플
부모	Parents	페런즈
자식	Child	차일드
아들	Son	썬
딸	Daughter	도터
장남	The eldest son	디 엘디스트 썬
차남	The second son	디 세컨드 썬
장녀	The eldest daughter	디 엘디스트 도너
차녀	The second daughter	디 세컨드 도너
손자	Grandchild	그랜드 차일드
형	Older brother	올더 브라더
누나	Older sister	올더 씨스터
남동생	Younger brother	영거 브라더
누이동생	Younger sister	영거 씨스터
숙부/백부	Uncle	엉클
숙모/백모	Aunt	안트
조카	Nephew	네퓨

직업

회사원	Company employee	컴퍼니 임플로이
농부	Farmer	퍼머
어부	Fisher	피셔
상점경영자	Shop owner	샵오너
공무원	Civil servani	시티 서번트
교사	Teacher	티쳐
학생	Student	슈투던트
주부	Housewife	하우스와이프
가사	Household	하우스홀드
은행원	Bank clerk	뱅크 클럭
기사	Mechanics	미케닉스
의사	Doctor	닥터
사장	President	프레지던트
전무	Executive Director	이그젝큐티브 디렉터
상무	Managing Director	매니징 디렉터
부장	General manager	제너럴 메니져
무역	Foreign trade	포린 트레이드
유통	Distribution	디스트리뷰션
운수	Transportation	트렌스모테이션
금융업	Financial business	파이넨셜 비지니스
도매업	Wholesaler	홀세일러
소매업	Retailer	리테일러
무직	Unemployed	언임플로이드

MEMO

Basic Conversation

인사하기

안녕

Hi! / Hello

하이 / 헬로우

안녕하세요. (아침 인사)

Good morning.

굿 모닝

안녕하세요. (오후 인사)

Good afternoon.

굿 앱터 눈

안녕하세요. (저녁 인사)

Good evening.

굿이브닝

안녕히 주무세요.

Good night.

굿나잇

안녕히 가세요.

Goodbye.

굿바이

어떻게 지내십니까?

How are you?

하-와유

잘 있습니다. 감사합니다.

Fine, thanks.

파인 땡스

좋은 하루 되세요!

Have a good day!

해브어 굿 데이

오랜만입니다.

Long time since I saw you last.

롱타임 신스 아이 소 유 라스트

만나서 반가워요.

Nice to meet you.

나이스 투 밑 츄

건강하세요. (몸조심하세요)

Take care of yourself.

테익 케어 오브 유어 셀프

또 연락해요.

I'll keep in touch.

아일 키 핀 터치

실례합니다!

Excuse me!

익스큐즈 미

연락주세요. (편지하세요)

Drop me a line.

드롭 미어 라인

자주 만납시다.

Let's make it more often.

렛츠 매익 킷 모아 오픈

죄송합니다만 이제 가봐야겠습니다.

I'm sorry. I must be going now.

아임쏘리 아이 머스트 비 고잉 나우

모든 일이 잘 돼 갑니까?

Is everything O.K.?

이즈 에브리씽 오케이

다음에 만납시다. 내일 아침에 뵙겠습니다.

See you later. I See you tomorrow morning.

씨유레러 씨유 투머로우 모닝

저는 잘 지내고 있습니다.

I'm very well, thanks.

아임 베리 웰 땡스

02 Basic Conversation
묻기

이것(저것)은 무엇입니까?

What's this (that)?

왓 츠 디스 (뎃)

문(책)은 어 디 있습니까?

Where's the door(book)?

웨얼 즈 더 도어(북)

누구십니까?

Who are you?

후 아 유

저 사람이 누군지 아십니까?

Do you know who that man is?

두 유 노우 후뎃 멘 이즈

저 남자는 학생입니까?

Is that man a student?

이즈 뎃 맨어 스튜던-

오늘은 무슨 요일입니까?

What day is it today?

왓 데이 이즈 잇 투데이

Basic Conversation
대답하기

예. / 아니오.
Yes. / No.
예스 / 노우

들어오세요.
Come in, please. / Please come in.
컴 인 플리즈 / 플리즈 컴 인

맞아요.
That's right.
댓 츠 라잇

알겠습니다.
O.K / All right.
오케이 / 올 라잇

이해했습니다. / 아니오, 잘 모르겠습니다.
I understand. / No, I don't understand.
아이 언더스텐- / 노- 아이 돈 언더스텐드

물론입니다.
Yes, of course. / Sure. / Why not?
예스 오브 콜스 / 슈어 / 와이 낫

축하합니다.

Congratulationl

콩그릿치레이션

좋은 생각입니다.

That's a good idea.

뎃쯔 어 굿 아이디어

잘 모르겠어요.

I don't know.

아이 돈 노

아니오. 됐습니다.

No, thank you.

노우 땡 큐

그렇게 생각하지 않아요.

I don't think so.

아이돈 띵 쏘

천만에요.

You're welcome. / Don't mention it.

유아 웰컴 / 돈 멘션 잇

시작합시다. / 이제 그만합시다.

Let's begin. / Let's stop now.

렛츠 비긴 / 랫츠 스탑 나우

Basic Conversation

04 부탁하기

확인 좀 해 주세요.

Would you mind confirming it for me?

우 쥬 마인드 컨퍼밍 잇 포 미

들어가도 되나요?

May I come in?

메 아이 컴 인

물 좀 주시겠습니까?

May I have some water?

메 아이 해브 썸 워러

부탁 좀 드려도 될까요?

Could you do me a favor?

쿠 쥬 두 미 어 페이버

도와주시겠어요?

Could you help me?

쿠 쥬 헬프 미

당신 것을 빌려주시겠어요?

Would you lend me yours, please?

우 쥬 렌드 미 유얼스 플리즈

Basic Conversation

감사 · 사과 인사하기

고맙습니다. / 미안합니다.

Thank you. / I'm sorry.

땡큐 / 아임 쏘리

제가 신세를 졌습니다.

I owe you.

아이 오우 유

초대해 주셔서 고맙습니다.

Thank you for invtting me.

땡큐 포 인바이팅 미

제게 해 주신 모든 일에 감사드립니다.

Thank you for everything you've done for me.

땡큐 포 에브리띵 유 브 돈 포 미

많은 도움을 받았습니다.

You were very helpful.

유 워 베리 핼플

도와주셔서 고맙습니다.

Thank you for helping.

땡큐 포 헬핑

늦어서 죄송합니다.

Excuse me for my being late.

익스큐즈 미 포 마이 빙 레잇

물론입니다. 어서 하세요.

Of course. Go ahead.

어브 콜스 고우 어헷-

용서를 빌겠어요.

Could you forgive me?

쿠 쥬 포기브 미

그 점에 대해 사과드립니다

I'm sorry about that.

아임 쏘리 어바웃 뎃

폐를 끼쳐서 죄송합니다.

I'm sorry to disturb you.

아임 쏘리 투 디스털 뷰

(감사의 말에 대해) 천만에요.

You're welcome. / My pleasure.

유아 웰컴 / 마 플래져

(사과의 말에 대해) 괜찮아요.

No problem. / Never mind.

노 프롸블럼 / 네버 마인

Basic Conversation
전화하기

한국의 서울로 국제 전화 걸고 싶은데요.

I'd like to make an overseas call to Seoul, Korea.

아이드 라이크 투 메이크 언 오버씨즈 콜 투 서울 코리아

네. 몇 번에 거실 거죠?

Okay. What number are you calling?

오케이 왓 넘버 아 유 콜링

111-7770입니다. 수신자 부담 통화로 해주세요.

111-7770. Make it collect, please?

원원원 세븐세븐세분제로 메익 킷 콜렉트 플리즈

성함과 방 번호를 알려주시겠어요?

Your name and room number, please?

유어 네임 엔 룸 넘버 플리즈

707호실 박승일입니다.

My name is Park Seung ii in room 707.

마이 네임 이즈 박 승 일 인 룸 세븐지로세븐

교환, 여기서 한국의 서울에 직접 전화를 걸 수 있나요?

Operator, can I call Seoul Korea direct from here?

오퍼레이터 캔 아이 콜 서울 코리아 다이렉트 프롬 히얼

여보세요 톰 좀 바꿔주세요.

Hello. May I speak to Tom?

헬로-메이 아이 스픽 투 톰

네, 전화받았습니다.

This is she/he.

디시즈 쉬/히

서울에 콜렉트 콜을 부탁합니다.

Can I make it a collect call to Seoul?

캔 아이 메이 키 러 콜렉트 콜 투 서울

서울로 장거리 전화를 걸고 싶습니다.

I'd like to make a long-distance call to Seoul.

아이드 라이크 투 메익 커 롱디스턴스 콜 투 서울

4567로 전화하라고 전해주세요.

Please, remind him to call me at 4567.

플리즈 리마인드 힘 투 콜 미 앳 포파이브씩스쎄븐

전화에 필요한 용어

- Collect call (콜렉토콜) 수신인 지불통화
- Station call (스테이션 콜) 번호통화
- Local call (로컬 콜) 시내전화
- Person call (퍼슨 콜) 지명통화
- Credit card call (크래딧 카드 콜) 크레디트 카드통화
- International call (Overseas call) (인터네셔널 콜) 국제전화
- Long distance call (롱 디스턴스 콜) 장거리 전화
- Public telephone (pay phone) (퍼블릭 텔레폰 콜) 공중전화

기본회화

Basic Conversation
소개하기

처음 뵙겠습니다.

How do you do?

하우 두 유 두

저를 소개하겠습니다.

May I introduce myself to you?

메 아이 인트러듀스 마이셀프 투 유

김 선생님, 미스터 리를 소개합니다.

Mr. Kim, this is Mr. Lee.

미스터 김 디스 이즈 미스터 리

저는 15세입니다.

I am fifteen years old.

아이 엠 피프틴 이얼스 올드

성함을 말씀해 주시겠어요?

Could I have your name, please?

쿳 아이 해브 유어 네임 플리즈

"송"이라고 불러주세요.

Please call me "Song".

플리즈 콜 미 송

Basic Conversation
사람찾기

실례합니다, 사람을 좀 찾아 주실 수 있을까요?

Excuse me. Could you page someone for me, please?

익스큐즈 미 쿠 쥬 페이지 썸원 포 미 플리즈

네. 누구를 찾으십니까?

Yes. Who would you like to have paged, sir?

예스 후 우 쥬 라익 투 해브 페이지드 써

로비에서 친구를 만나기로 했는데 찾을 수가 없군요.

I was supposed to meet a friend in the lobby, but I can't find him.

아이 워즈 썹포스드 투밋 어 프렌드 인 디 로비 벋 아이 캔트 파인드 힘

예, 방송을 하죠. 친구분 성함이 어떻게 됩니까?

Okay. I'll make an announcement. What's your friend's name?

오케이 아일 메이크 언 어나운스먼트 왓츠 유어 프랜즈 네임

뉴욕에서 온 로버트입니다.

His name is Robert from New York.

히즈 네임 이즈 로버트 프럼 뉴욕

알겠습니다. 스피커로 이름을 불러 보죠.

All right. I'll call the name over the speaker.

올 라잇 아일 콜더 네임 오버 더 스피커

09 Basic Conversation
현지인과 대화하기

이 나라에 오신 걸 환영합니다.

Welcome to our country!

웰컴투 아우어 컨추리

안녕, 내 이름은 홍길동이야.

Hi, my name is Hong Gildong.

하이 마이 네임 이스 홍 길동

난 존 왓슨입니다

I'm John Watson.

아임 쟌 왓슨

어디서 오셨습니까?

Where are you from?

웨얼 아 유 프롬

한국에서 왔습니다.

From Korea. / Seoul, Korea.

프롬 코리아 / 서울 코리아

우리 집에 올 수 있습니까?

Can you come to my house?

캔유 컴 투 마이 하우스

02

공항에서
At the Airport

출입국 수속

01 인천공항 도착

※ **출국 준비** – 출국 2시간 전까지 공항에 도착하여야 한다.

- **지하 1층**

  교통센터와 연결되는 5개의 연결통로가 있으며, 여객 편의시설을 전철 연결로비를 따라 배치하였다,

- **지상 1층 – 도착층**

  도착 여객을 위한 주요 공간인 수화물 수취지역, 세관검사지역, 환영홀 등이 있다,

- **지상 2층 – 도착 중간층**

  도착 GATE가 연결된 층이다. 도착복도, 입국심사, 보안검색 등의 시설이 있다. 항공사 사무실 편의시설, 지원시설 등이 있다.

- **지상 3층 – 출발층**

  탑승수속을 위한 체크 인 카운터가 설치되어 있고 보안검색, 여권심사, 탑승라운지 등의 시설과 출발 여객을 위한 각종 편의시설이 배치되어 있다.

- **지상 4층**

  통과 및 환승여객 등 장기체류 여객들을 위한 각종 위락시설과 미니 호텔 CIP라운지, 공용 라운지 등이 설치되어 있고. LANDSIDE

에는 각종 식당과 판매시설이 설치되어 출국 전 여객이나 환송객 일반 방문객에게 서비스를 제공하게 된다.

※ 출국 수속

① 항공사 카운터에서 탑승 수속
- 공항 2층, 자신이 이용할 항공사의 카운터에서 짐을 부치고 좌석 배정을 받아 탑승권 받기

② 환전하기

③ 출입국 신고서 작성하기

④ 출국 심사대에서 심사받기 – 여권, 탑승권, 출국신고서 제출하기

⑤ 세관신고하기
- 고가품은 신고필증(cutom stamp)을 교부 받도록 한다.

⑥ 보안검색 (금속탐지문 통과하기)

⑦ 면세점 쇼핑하기
- 공항 면세점은 나갈 때만 이용할 수 있다.

출입국 수속

⑧ **탑승 게이트로 가서 기다리기** - 최소한 30분 전까지는 탑승권에 적힌 게이트 대기실에 도착해 있어야 한다.

02 기내에서

• 기내에 입장하면 승무원들이 좌석 안내를 도와준다. 탑승권에 표시된 본인의 자리를 찾아 가벼운 짐은 머리 위 선반에 넣고 무거운 짐은 떨어질 경우 다칠 위험이 있으므로 좌석 아래에 두는 것이 안전하다.

• 착석하면 안전벨트를 매고 이륙 후 안전벨트 사인이 꺼지더라도 기체 동요가 있을 수 있으므로 매고 있는 것이 좋다.

- 기내식이 시작되면 뒷사람에게 방해가 되지 않도록 좌석을 바로 하고 식사 테이블을 편다. 음료는 주스, 탄산음료, 맥주, 와인, 위스키 등 취향대로 주문할 수 있으며, 식사는 두 가지 중 하나만 선택할 수 있는데, 알코올은 가급적 많이 마시지 않는 것이 좋다. 기내에서는 평소보다 약 두·세 배 빨리 취하기 때문이다.

- 목적지 입국 수속을 위해 승무원들이 나누어주는 목적지 출입국 카드 (E/D카드)와 세관 신고서를 작성하게 된다.

※ 기내수칙

- 이 / 착륙시 안전벨트는 착용 해제 신호등이 들어올 때까지 착용한다.

- 비행기가 착륙하자마자 좌석에서 일어나 짐을 챙기는 것도 위험한 행동이다.

- 화장실을 사용할 때에는 노크를 하지 말고 표시등을 보고 이용하면 되는데 사용중 일 때는 빨간불(Occupied), 비어있을 때는 녹색불 (Vacant)로 표시된다. 화장실 안에서 흡연하면 화재 경보 센서가 작동되어 승무원에게 법률에 의한 제재를 당하니 주의해야 한다.

출입국 수속

※ 기내 서비스 이용하기

승무원에게 서비스 요청을 하는 것은 승객의 당연한 권리이므로 주저할 필요는 없다. 기내에서는 식사, 차, 음료, 맥주, 와인 등을 무료로 제공되나 일부 항공사의 경우 주류를 유료로 제공하기도 하니 확인이 필요하다. 퍼스트(First), 비즈니스 클래스는(BuSiness class)무료이다.

• 승무원을 부를 때는 좌석 옆이나 머리 위의 콜 버튼(Call Button)을 누른다.

• 승무원들의 기내 서비스는 비행기 이륙 후 수평고도를 잡은 후 시작된다.

• 장거리 탑승시 음료부터 시작하여 기내식 순으로 서비스 된다.

• 기내식은 특정 음식을 먹지 않는 승객에게는 다른 음식으로 대체 하여 제공된다.

• 만일 종교나 건강상 채식, 생선류 등 특별 기내식 서비스를 받으려면 항공권 예약시나 탑승 72시간 전에 신청한다.

• 소화불량이나 미열이 있을 때는 간단한 구급약을 요청한다.

03 경유지 공항에서

※ 중간 기착지에서의 수화물 처리

경유지로 짐을 탁송했을 경우에는 도착표시(Arrival)를 따라간다.
화물 수취소 안내판(Baggage Claim)을 찾는다. 최종 목적지로 탁
송한 짐과 보딩 패스에 적힌 출구번호(Gate No)를 확인한다.

※ 중간 기착지

장거리 노선의 경우 비행기의 급유와 승무원 교대, 기체점검 등으로
'ㅏ ㅣ시간 기탑 승간 기사세에 버무른나 보는 승 색년 기내에서 공항
보세구역으로 안내된다. (쇼핑이나 휴식을 취할 수 있음) 기내에서
나올 때 서류 가방이나 귀중품(카메라, 여권 등)은 가지고 내린다. 공
항에 따라 기내에서 내릴 때 중간기착승객 표시카드(재탑승시 필요)
를 나눠준다. 시간에 맞춰(안내방송 나옴) 처음에 내렸던 게이트에 와
서 기다리면 직원이 탑승 안내를 해준다.

※ 중간 기착지에서의 환승 절차

경유지(Transit) 공항은 목적지까지 한 번에 가는 항공편이 없어 중간
에 갈아타는 공항을 말한다. 보통 2시간에서 하루 이상 연결 항공편을
기다리는 경우가 많다. 지나치게 촉박한 연결 항공편을 택하면 자칫
경유지에서 타야 할 항공기를 놓치는 경우가 일어날 수도 있으니 주
의해야 한다. 중동, 아프리카, 동유럽행의 경우 몇시간 이상을 대기
해야 하므로 적당한 휴식이나 쇼핑을 하며 시간을 보내는 것이 좋다.

04 도착지 공항에서

※ 입국 수속 절차

서류작성 기재요령

- Name : 이름
- Surname 혹은 Family Name : 성
- Date of Birth : 생년월일
- Flight No : 탑승 항공기 편명
  (예: KE707 = 대한항공 707편)
- Signature : 자필서명
- Occupation : 직업
- Purpose of Visit : 입국 사유
  (예: Travel – 여행 / Business – 사업)
- Intended Days of Stay : 체류 예정 일수 기재
- Male/Female(혹은 Sex 라고 표기함) : 남/녀로 구분 표기
- Place of Stay : 체류장소 기재

※ 입국 수속

도착하여 'Arrival', 'Immigralion' 표시를 따라 이동한다. 아니면 사람들이 가는 방향으로 같이 따라가면 입국 심사대가 나온다. 어느 공항에서나 입국 심사대는 내국인용과 외국인용이 있기 마련인데 외국인 전용 줄에 서 있으면 된다. 자기 차례가 되면 기내에서 미리 기입해 둔 ED카드를 여권에 끼워서 심사관에게 제출하면 되는데 어떤 나라에서는 돌아갈 비행기표 제시를 요구하기도 한다.

때에 따라서는 방문 목적이나 체류하는 동안 숙소가 어디냐, 체류기간은 어느 정도냐 등의 간단한 인터뷰를 하기도 하므로 당황하지 말고 대답하면 된다. (☞ 63쪽 참고)

심사가 끝나면 짐을 찾으러 간다. 본인이 타고 온 항공기 번호가 표시된 컨베이어에서 자기 짐을 찾아 세관검사를 받으면 되는데 별 이상이 없으면 쉽게 통과할 수 있다.

탁송화물을 투숙 호텔까지 전부 들고 갈 필요가 없을 때는 공항내 수화물 보관소(Baggage Deposit)에 보관해 두면 편하다.

※ 세관 통과하기

세관에 신고해야 하는 품목은 새로 구입한 물건과 선물 등이며 음식물, 농작물, 동물성 품목은 반드시 신고하도록 되어 있다.

구입한 물건과 선물은 $400까지 세금을 안내지만 그 이상일 경우 일정액의 세금을 내야 한다. 현금은 1만 달러 이상을 소지할 경우 갖고 있는 총액을 정확히 신고해야 한다. 만일 신고를 하지 않거나 신고액이 실제와 다를 경우 과태료나 벌금 등 제재를 당할 수도 있다. 그 밖에 여행자들이 소지하고 있는 시계와 카메라, 귀금속 등은 출발지역의 세관에 미리 신고해서 여권에 기재해 두는 것이 편리하다.

비행에 관련된 단어

금연	no smoking	노 스모킹
좌석벨트 착용	fasten seat belt	패쓴 씻 벨트
기내영화	in-flight movie	인 플라잇트 무비
탑승권	boarding pass	보딩패스
음료	soft drink	소프트 드링크
산소마스크	oxygen mask	악씨전 마스크
독서등	reading light	리딩 라이트
선반	tray	트래이
멀미 봉투	airsickness bag	에어식크니스 백
헤드폰	headset	에ㄴ셋
화장실	lavatory	래버터리
비상구	EXIT	엑씨트
구명조끼	life vest	라이프 베스트
창가 좌석	window seat	윈도우 씻
통로 좌석	aisle seat	아일 씻
현지 시각	local timc	로컬 타임
한국돈	Korean currency / won	코리안 커런씨 / 원
향수	perfume	퍼퓸
악세서리	accessories	악세러리
면세 쇼핑 책자	duty-free shopping guide	듀티프리 샵핑 가이드
귀국항공권	return ticket	리턴 티켓
입국심사	immigration	이미그래이션
거주자	residents	레지던츠

MEMO

메모

At the Airport
출국수속(공항 카운터)

티켓 좀 보여 주시겠습니까?

Can I see your ticket, please?

캔아이 씨 유어 티켓 플리즈

여기 있습니다.

Here you are.

히얼 유 아

창가를 원하세요? 아니면 통로 쪽을 원하세요?

Do you want a window or an aisle seat?

두 유 원 어 윈도우 오어 런 아일 씻

창가를 주세요.

A window seat, please.

어 윈도우 씻 플리즈

네, 여기있습니다. 좌석번호는 18-B 입니다.

Sure. Here it is. Your seat number is 18-B.

슈어 히얼 잇 이즈 유어 씻 넘버 이즈 에잇틴-비

몇 번 게이트입니까?

Tell me the gate number, please.

텔 미 더 게이트 넘버 플리즈

짐이 있습니까?

Do you have baggage (luggage)?

두 유 해브 배기쥐(러기쥐)

네. 있습니다.

Yes, I have baggage (luggage).

예스 아이 헤브 배기주(러기주)

네. 저울 위에 올려놓으세요.

All right. Please put it on the scale.

율 라잇 플리즈 풋 잇 온 더 스케일

수하물 인환증은 여기 있습니다.

Here's your claim ticket.

히얼 스 유어 클레임 티켓

감사합니다 이것은 직접 가지고 타도 되겠죠?

Thank you. Can I take this one with me?

땡 큐 캔 아이 테익 디스 원 위드 미

좋습니다. 휴대용 짐 하나는 무방합니다.

No, problem. One carry-on is allowed.

노 프뢰블럼 원 캐리 온 이즈 얼라우드

02 At the Airport
기내에서 자리찾기

(탑승권을 보여주며) **내 자리는 어디입니까?**

Where is my seat?

웨얼 이즈 마이 씻

자리를 바꿔도 될까요?

May I change seats with you?

메이 아이 체인지 씻츠 위드 유

이 자리에 앉아도 됩니까?

May I sit here?

메 아이 씻 히얼

실례합니다만, 제 자리에 앉으신 것 같은데요.

Excuse me, but I think you're in my seat.

익스큐즈 미 벝 아이 씽크 유 아 인 마이 씻

화장실은 어디입니까?

Where is the restroom?

웨얼 이즈 더 베스트룸

지나가도 될까요?

May I go through?

메 아이 고 뜨루우

03

At the Airport
기내 서비스 이용하기

한국말을 하는 승무원이 있나요?

Is there any flight attendants who speaks Korean?

이즈 데어 애니 플라이트 어텐던즈 후 스픽스 코리안

뭔가 읽을 거리가 필요합니다.

I would like to read something / I need something to read.

아이 우드 라이크 투 리드 썸씽 / 아이 니드 썸씽 투 리드

한국어 신문이 있습니까?

Do you have a Korean newspaper?

두 유 해브 어 코리안 뉴스페이퍼

쿠션과 담요를 하나씩 더 가져다 주시겠습니까?

Can I have an extra pillow and a blanket?

캔 아이 해브 언 엑스트라 필로우 앤 어 브랭킷

얼음물 한 잔 주실래요?

Can I have a glass of ice water?

캔 아이 해브 어 글래스 어브 아이스 워터

마실 것은 어떤 것이 있습니까?

What kind of drink do you have?

왓 카인드 어브 드링크 두유 헤브

안대 좀 주세요.

Can I have a blindfold?

캔 아이 해브 어 블라인드폴드

실례지만, 이 의자를 어떻게 조종합니까?

Excuse me, how do I adjust this seat?

익스큐스 미 하우 두 아이 엇져스트 디스 씻

마실 것 좀 주시겠어요?

Can I have something to drink?

캔 아이 해브 썸씽 투 드링크

물 좀 주시겠습니까?

May I have some water?

메 아이 해브 썸 워터

실례지만, 이 안전벨트를 어떻게 매죠?

Excuse me, how do I fasten this seat belt?

익스큐즈 미 하우두 아이 패쓴 디스 씻 벨트

영화상영이 있습니까?

Will there be any movie on?

윌 데어 비 에니 무비 온

LA 시간으로는 몇 시입니까?

What's the time in LA?

왓쓰 더 타임 인 엘에이

04 At the Airport
기내식 먹기

식사는 언제 나옵니까?

When will the meal be served?

웬 윌 더 밀 비 써브드

밥 먹을 때 깨워주세요.

Wake me up for meals, please.

웨익 미 업 포 밀스 플리즈

닭고기와 소고기 중 어떤 것으로 하시겠습니까?

Which would you like for dinner, chicken or beef?

윗치 우 쥬 라이크 포 디너 치킨 오알 비프

소고기로 주세요.

Beef, please.

비프 플리즈

한 잔 더 마실 수 있습니까?

May I have another drink, please?

메 아이 해브 어나덜 드링크 플리즈

여전히 배가 고파요.

I'm still hungry.

아임 스틸 헝그리

05 At the Airport
아플때 말하기

몸이 안 좋은데요. 가능하면 눕고 싶습니다.

I feel sick. I'd like to stretch out, if possible.

아이 필 씩 아이드 라이크 투 스트레치 아웃 이프 파씨블

멀미약 있습니까?

Can I have a medicine for airsickness?

캔 아이 헤브 어 내니썬 포 에이씩니쓰

멀미가 나는군요.

I'm feeling rather sick.

아임 필링 레더 씩

배가 아파요.

I have a stomachache.

아이 해 버 스터미케익

춥습니다.

I feel cold.

아이 필 콜드

의자 좀 눕혀도 될까요?

May I recline my seat?

매 아이 리클라인 마이 씻

06 At the Airport
입국 신고서 작성하기

이 신고서를 기입하는데 좀 도와주시겠습니까?

Can you help me with this declaration form?

캔유 핼프 미 위드 디스 데클러레이션 폼

이 서식을 어떻게 기재하면 되나요?

How do I fill in this form?

하우 두 아이 필 인 디스 폼

펜(종이)을 얻을 수 있을까요?

Could I get a pencil(paper)?

쿳 아이 게 리 펜슬(패이퍼)

이곳에 무엇을 써야 되나요?

What should I write here?

왓 슈 라이 롸잇 히얼

한 장 더 주시겠어요?

Could I have another one?

쿳 아이 해브 어나덜 원

제가 틀리게 썼습니다.

I've made some mistakes.

아이브 메이드 썸 미스테익스

07 At the Airport
중간 기착지에서 기다리기

이 공항에서 얼마나 머물게 되나요?

How long will we stop here?

하우 롱 윌 위 스탑 히얼

통과 여객이십니까?

Are you a transit passenger, sir?

아 유 어 트랜씻 패시저 써

예, 그렇습니다.

Yes, I am.

예스 아이 엠

얼마나 머물 예정입니까?

How long are you staying?

하우 롱 아 유 스테잉

비행기는 예정대로인가요?

Is this plane on schedule?

이즈 디스 플레인 온 스케줄

면세점을 사용할 수 있나요?

Can I do some shopping in duty-free shops?

캔 아이 두 썸 샵핑 인 듀티 프리 샵쓰

At the Airport
비행기 갈아타기

비행기를 갈아타야 합니다.

I should take another flight   아이 슈드 테익 어나더 플라이트
I should change planes for the next destination.

아이 슈드 체인지 플레인즈 포 더 넥스트 데스티네이션

비행기는 어디서 갈아타죠?

Where can I change planes?

웨얼 캔 아이 체인지 플레인즈

어느 비행기로 갈아타십니까?

What flight do you switch to?

왓 플라이트 두 유 스위치 투

델타항공 205편입니다.

Delta Airlines Flight 205.

델타 에어라인 플라이트 투지로파이브

맡긴 짐은 어떻게 됩니까?

What should I do with my checked baggage?

왓 슛 아이 두 위드 마이 첵트 배기쥐

그것은 자동적으로 당신의 다음 비행기로 옮겨집니다

It will be automatically transferred to your next flight.

잇 윌 비 오토매티컬리 트랜스퍼드 투 유어 넥스트 플라이트

09 At the Airport
문제가 생겼을 때

비행기를 놓쳐 버렸어요.

I've missed my plane.

아이브 미쓰드 마이 플레인

어떻게 하죠?

What about me? / What should I do for now?

왓 어바웃 미 / 왓 슈 아이 두 포 나우

해당 비행기 안내 데스크로 가 보세요.

You should consult the help desk for some help.

유 슈드 컨설트 더 헬프 데스크 포 썸 헬프

제 짐을 어디서 찾을 수 있죠?

Where can I pick up my baggage?

웨얼 캔 아이 픽 업 마이 배기쥐

도와 주시겠어요?

Could you help me?

쿠 쥬 헬프 미

제 짐이 파손됐어요.

My baggage was damaged.

마이 배기쥐 워즈 데미쥐드

At the Airport
기내에서 자주 듣는 말

잠시 후에 이륙합니다.

We are taking off shortly.

위 아 테킹 오프 숏틀리

선반 좀 올려주십시오.

Please secure your tray tables.

플리즈 씨큐어 유어 트레이 테이블스

안전벨트를 착용해 주십시오.

Please fasten your seat belt.

플리즈 패쓴 유어 씻 벨트

비상 탈출구는 기체 양 옆쪽에 있습니다.

Emergency exits are located on both sides of the cabin.

이미젼씨 엑씨트 아 로케이미드 온 보쓰 싸이즈 어브 더 캐빈

저희 비행기는 약 10분 후에 착륙하겠습니다.

We will be landing in about 10 minutes.

위 윌 비 랜딩 인 어바웃 텐 미니츠

무엇을 마시겠습니까?

What would you like to drink?

왓 우 쥬 라익 투 드링크

11 At the Airport
입국 심사대에서

여권 좀 보여주시겠습니까?

Your passport, please?

유어 패스포트 플리즈

여기 있습니다.

Here you are.

히얼 유 아

방문 목적은 무엇입니까?

What are you here for?

왓 아 유 히얼 포

관광 / 사업 때문입니다.

Just sightseeing / On Business.

저스트 싸이트씽 / 온 비즈니스

친척 방문 차 왔습니다.

To visit my relatives.

투 비시트 마이 릴러티브스

한국에서 오셨습니까?

Are you from Korea?

아 유 프롬 코리아

예, 그렇습니다.

Yes, that' s right.

예스 뎃쯔 라이트

얼마나 머물 예정입니까?

How long are you staying?

하우 롱 아 유 스테잉

약 7일 동안 머물 겁니다.

About 7 days.

어바웃 세븐 데이스

어디서 묵으실 건가요?

Where are you going to stay?

웨어 라 유 고잉 투스테이

힐튼호텔에 묵을 예정입니다.

At the Hilton hotel.

앳 더 힐튼 호텔

됐습니다. 이제 세관으로 가십시오.

All right. Now proceed to the customs.

올 라잇 나우 프로씨드 투 더 커스톰즈

고맙습니다.

Thank you.

땡 큐

12 At the Airport
짐 찾기

야망

수하물은 어디서 찾나요?

Where can I get my baggage?

웨얼 캔 아이 겟 마이 배기쥐

죄송합니다만, 제 여행 가방을 찾아 주시겠습니까?

I'm sorry, but would you mind finding my suitcase out for me?

이임 쏘리 벗 우 쥬 마인드 파인딩 마이 슈트케이스 아웃 포 미

어느 항공편으로 오셨습니까?

What flight did you take?

왓 플라이트 디 쥬 테이크

대한항공 472편으로 왔습니다.

KAL. 472.

칼 포세븐투

수하물 인환증을 가지고 계십니까?

Do you have a baggage claim tag?

두유 해버 배기주 클레임 택

예, 여기 있습니다.

Yes, here it is.

예스 히얼 잇 이즈

13

At the Airport
세관 통과하기

세관 신고서를 보여 주세요

Show me your customs declaration form, please.

쇼 미 유어 커스텀스 테클러레이션 폼 프리즈

예, 여기 있습니다

Yes, here you are.

예스 히얼 유 아

신고 할 물건이 있습니까?

Do you have anything to declare?

두 유헤브 애니띵 투 티클레어

아니오, 없습니다.

No, I dont

노, 아이 돈트

가방을 열어 보십시오.

Open your baggage, please.

오픈 유어 배기쥐 플리즈

이것들은 무엇입니까?

What are these for?

왓 아 디즈 포

이것들은 친구들에게 줄 선물입니다.

These are gifts for my friends.

디즈 아 기프트 포 마이 프랜드

이것은 세금을 내야 합니다.

You'll have to pay duties for this.

유일 해브 투 페이 듀티즈 포 디스

다른 짐은 없습니까?

Do you have any other baggage?

두유 해브 애니 아더 배기주

개인용품 뿐입니다

Just my personal effects.

져스트 마이 퍼스널 이펙트

이 카메라는 내가 쓰는 겁니다.

The cameras are for my personal use.

더 캐머러즈 아 포 마이 퍼스널 유스

한국에서 10,000원 정도 주고 산 겁니다.

I paid about 10,000 won for that in Korea.

아이 페이드 어바웃 텐따우전 원 포 뎃 인 코리아

됐습니다. 이제 가셔도 됩니다.

All right. That's all. You may go now, sir

올 라잇 뎃쯔 올 유 메이 고우 나우 써

14   At the Airport
환전하기

환전소는 어디입니까?

Where can I change money?

웨어 캔 아이 체인지 머니

이 여행자 수표를 현금으로 바꾸고 싶습니다.

I'd like to cash this traveler's check, please.

아이드 라익 투 캐쉬 디스 츄레블러즈 책 플리즈

여권을 보여 주시겠어요?

May I see your passport?

메 아이 씨 유어 패스포트

여기 있습니다.

Here it is.

히얼 잇 이즈

이 20달러 지폐를 잔돈으로 바꿔주시겠어요?

I would like to break this $20 bill into small money.

아이 우드 라익 투 브레이크 디스 퉤니 달러 빌 인투 스몰 머니

여기에 서명 좀 해주세요.

Please, sign here.

플리즈 싸인 히얼

어떻게 바꿔 드릴까요?

How do you want it?

하우 두 유 원 잇

10달러 5장과 20달러 10장으로 부탁합니다.

Five tens, ten twenties, please.

화이브 텐즈 텐 투앤티즈 플리즈

계산이 다른 것 같습니다.

I'm afraid these figures simply won't add up.

아임 어프레이드 디즈 피규얼즈 심플리 워운트 애드 업

현금으로 바꿔주세요.

I'd like some cash.

아이드 아익 썸 캐쉬

환율이 어떻게 됩니까?

What is the exchange rate?

와 리즈 더 익쓰체인쥐 레이트

이 돈을 미국 달러로 바꿔주세요.

Please change this to U.S dollars.

플리즈 체인지 디스 투 유에스 달러즈

신분증을 보여주세요.

May I see some I.D, please?

메 아이 씨이 썸 아이디 플리즈

15 At the Airport
여행자 안내소에서

이 도시의 지도 한 장 주시겠습니까?

May I have a town map?

메 아이 해브 어 타운 맵

이 도시에 관한 안내서를 주십시오.

Please, give me a guidebook to this town.

플리스 깁 미 어 가이드북 투 디스 타운

힐튼호텔에 가려면 무엇을 이용하는 것이 가장 좋을까요?

I'd like to go to the Hilton Hotel. What's the best way to go there?

아이드 라익 투 고우 투 더 힐튼 호텔. 왓쓰 더 베스트 웨이 투 고우 데어

공항버스로 갈 수 있습니다. 리무진은 한 시간 간격으로 운행됩니다.

You can go by airport limousine. Our limousines do run hourly.

유 캔 고 바이 에어폿 리무진 아우어 리무진스 두 런 아우얼리

다음 차는 언제 있죠?

When is the next one?

웬 이즈 더 넥스트 원

10분 후에 출발합니다.

It will be leaving in 10 minutes.

잇 윌 비 리빙 인 텐 미니츠

03

호텔에서

In the Hotel

호텔에서

01 호텔에 도착하여

※ 예약

호텔 예약과 확인은 필수사항. 반 드시 확인 전화를 한다. 예약시 도 착일, 숙박일수, 객실의 종류를 명 시한다. 예약 확인서는 본인이 필 히 지참, 체크인 할 때 제시한다. 확인 예약에도 불구하고 방이 없을 경우 호텔 측이 같은 급의 호텔을 마련해 주는 것이 관례이다.

※ 모닝콜

전날 미리 신청해 두면 원하는 시간에 잠을 깨워 주는 모닝콜 서 비스는 호델에 따라서 신문이나 커피, 티 등을 모닝콜과 함께 서비 스하는 경우도 있으므로 미리 확인해 두면 편리하게 이용할 수 있 다.
패키지를 이용하는 고객은 헬스클럽 무료 이용이나 사우나 할인 등이 제공되므로 잘 챙겨서 이용해 보도록 하자.

※ 체크인

체크인 할 때는 본인의 이름을 정확히 기재한다.

등록카드(Registration card)에는 국적, 생년월일, 여권번호, 체크아웃 일자 등을 적는다. 할증료나 할인료 등이 적용되는지 체크인 전에 확인한다. 전시회나 국제행사 기간 증에는 20~30%이상 추가해서 요금을 받는 경우가 대부분이다.

※ 객실의 종류

객실의 종류는 침대(Bed)의 수와 부대시설의 크기에 따라 구분된다. 여행의 목적과 동반자의 인원에 따라 객실을 정한다. 비즈니스 여행의 경우 일행이 많고 업무 회의를 가져야 할 경우 주니어 스위트를 사용하는 것이 경제적이고 효과적이다.

가족여행의 경우 추가로 침대를 요청하면 보조침대를 마련해주므로 너무 큰 객실을 정할 필요는 없다.

TIP

- **1인실** : single room (1인용 침대가 있는 방)
- **2인실** : double room (2 인용 침대가 있는 방)
          twin room   (1인용 침대가 두 개가 있는 방)
- **4인실** : suit room (침실과 거실, 주방이 있음)

호텔에서

※ 객실에서

■ 메이크업 (makeup)카드

메이크업(makeup)카드는 저녁 때 투숙객이 외출한 시간을 이용해서 객실을 정리해 주는 서비스의 이용 여부를 알리는 카드로서, 서비스를 원할 때는 메이크업(makeup) 카드를, 원하지 않을 때는 DD(do nol dislurb) 카드나 프라이버시(privacy) 카드를 문고리에 걸어두면 된다.

■ 미니 바

미니 바의 품목들은 사용시 사용료를 지불하는 유료이다. 미니바에는 각종 주류와 스낵류 일회용 칫솔, 치약도 놓여있다.

미니 바에 놓여 있는 계산서에는 직접 체크를 해도 되고, 그냥 두면 호텔측에서 정기적으로 체크한다.

냉장고 속의 품목들도 역시 유료이다. 음료, 주류, 미네랄 워터 등이 갖춰져 있는데, 물 역시 유료이다.

■ 룸 서비스(Room Service)

뜨거운 물을 원할 경우에는 룸 서비스(Room Service)에 주문하면 언제나 무료로 제공해주므로 마음껏 마실 수 있다. 객실 내에서 식사를 하고 싶을 때에는 룸 서비스를 이용하면 된다.

만약 이른 아침에 식사를 주문하고 싶을 때 아침에 번거로운 주문과정을 거치고 싶지 않다면 행어 메뉴를 이용하면 된다.

전날 저녁 미리 주문할 음식을 행어 메뉴에 체크해서 문 밖에 걸어
두면 되는 편리한 서비스이다.

전화 사용료는 체크아웃시 계산되며, 전화는 대개 9번을 누르고
사용하면 된다.

■ TV시청

일반적으로 TV시청은 무료지만 영화 채널 같은 경우는 대개 유
료이다. 선택형 비디오처럼 원하는 영화를 고른 다음 볼 수 있는
데 30초에서 1분 정도는 무료이므로 이 시간 동안 볼지 안 볼지
마음을 결정하면 된다. TV 근저에 TV시청 안내 색사가 구비되어
있으므로 자세한 사항은 미리 확인해 두면 편리하다.

■ 열쇠(Key)

객실을 나설 때는 꼭 열쇠를 갖고 나가야 한다. 문은 자동으로 잠
기기 때문에 잠깐 밖에 나왔다가 열쇠가 없어 들어가지 못하고
낭패를 보는 수도 있다. 카드식 열쇠는 특정 위치에 꽂아야만 객
실의 전원이 들어오도록 되어 있기도 하므로 꽂는 자리가 어 디인
지 확인해야 한다.

※ 욕실에서

외국의 욕실에서는 우리나라에서 하듯이 물을 튀기며 샤워를 하
면 안 된다. 욕조 바깥으로는 욕실 바닥 전체에 카펫을 깔아 놓고
배수구가 없기 때문에 주의하여야 한다. 샤워를 할 때 샤워 커튼

을 욕조 안으로 집어 넣어 사용한다. 보통 더운물은 H. 찬물은 C로 표기한다. 욕실에 비치된 타월은 제일 작은 것은 비누칠 할 때 사용하고, 목욕 후 물기를 닦을때는 제일 큰 것을 사용한다. 퇴실할 때는 사용한 타월들을 모두 욕조안에 던져 넣어 주는 것이 에티켓이다. 비누, 샤워캡, 샴푸

등은 호텔에서 서비스로 제공하는 품목들이다. 대부분의 호텔에 불박이 헤어드라이어가 욕실에 비치되어 있으며, 무료로 사용할 수 있다.

※ 세탁

객실 내에 비치된 세탁물 백(laundry bag)에 드라이 클리닝 할 옷과 일반 세탁물을 나누어 담아 두고 체크 용지에 체크한 후 룸메이드에게 연락하면 유료로 세탁이 가능하다.

다림질 판이 필요할 경우 하우스키핑에 주문하면 무료로 다리미판과 다리미를 대여해 준다 유료로 다림질을 대신해 주기도 한다.

신발은 객실 내에 비치된 슈샤인 천을 이용해 직접 닦거나, 신발 바구니에 담아두면 룸메이드가 닦아준다.

듀티 매니저(Duty Manager)는 호텔 내의 모든 문제를 상의할 수

있고, 이러한 불편사항을 처리해 줄 뿐 만 아니라 관광정보를 제공하고, 예약 등의 일도 맡고 있다. 듀티 매니저라는 이름 외에도 듀티 데스크(Duty Desk), 콘시어지(Concierge) 등의 이름으로 운영되기도 한다.

짐을 들어다 주는 벨 데스크(Bell Desk)에서도 관광 예약서비스를 하기도 하며 짐을 맡길 수도 있다. 체크 아웃하고 나서 짐을 들고 다니기 불편한 상황일 때는 이처럼 벨 데스크에 짐을 맡기면 되는데, 대부분 무료지만 호텔에 따라 유료인 경우도 있다.

침대 위에 덮쳐진 커버, 이불이나 그 생김새처럼 사실 이것은 이불 위에 먼지가 쌓이지 않도록 하는 덮개일 뿐이다. 이 커버를 걷어서 옷장 안에 개어 놓고, 이불 속으로 들어가기 쉽도록 이불을 약간 추스려 놓아주는 것이 바로 하우스키핑 턴다운 서비스다. 뿐만 아니라 신기 편하도록 슬리퍼를 침대 옆에 놓아두고, 커텐을 닫아 주고, 샤워실 밑에 수건을 깔아준다.

※ 시설물 이용

호텔에는 헬스클럽 간이 의료시설, 비즈니스 시설, 환전 창구, 우편 발송, 교통관광 안내소, 안전금고, 관리인 등 제반 편의 시설이 마련되어 있다.

부재중 외부 전화나 연락은 미리 프런트에 부탁한다. 연락사항이 있을 경우 프런트에서 직접 전해주거나 메시지 램프에 불이 들어와 메시지가 있음을 알려준다.

※ 체크아웃

체크 아웃은 보통 12시인데 오후 6시 정도까지 있을 때는 객실비의 반을 내는 하프 데이 차지(Hall day charge)를 적용한다. 만일 출발 시간이 오후일 경우, 일단 12시에 체크아웃을 한 후, 짐은 클락 룸(Cloak Room)에 보관하고 보관증을 받아두면 된다.

※ 팁

외국에서 팁이란 제공받은 서비스에 대한 조그만 감사의 표시이다. 사실 팁만으로 생활을 꾸려가는 사람이 있을 정도라니 외국에서 팁이 얼마나 보편화되어 있는지 알 수 있겠다.

팁의 금액은 상황에 따라 다르다.

팁에 대해서 너무 인색하면 자칫 무례한 행동이 될 수 있고 그렇다고 듬뿍 팁을 주는 것도 허세를 부리는 행동으로 간주되기 쉽다. 이런 경우는 돈주고도 욕먹는 셈이 되니 적정선을 잘 유지하는 것이 대단히 중요하다. 경우에 따라 다르지만 보통 우리나라 돈으로 1,000~2,000원 정도로 생각하면 된다.

호텔에선 방에서 나올 때 일반적으로 1 US$ 정도를 침대 위에 올려놓으면 되고, 다른 서비스를 받을 때도 1~2 US$ 정도를 주면된다.

숙박 신고서	registraiton slip	레지스트레이션 슬립
손님	guest	게스트
1인실(침대1)	single	싱글
침대2개	twin	트윈
부부용	double room	더블 룸
전망 좋은방	a room with a view	어 룸 위 더 뷰
조용한 방	a quiet room	어 콰이엇 룸
난방	heating	힛팅
냉방	air-conditioning	에어컨셔닝
방열쇠	room key	룸키
계산서	bill	빌
영수증	receipt	리씨-트
별도요금	extra charge	엑스트라 차지
귀중품 보관소	safety box	세이프티 박스
메시지함	message box	메세지 박스
욕실	bathroom	배쓰룸
욕조	bath	배쓰
비누	soap	숖
수건	towel	타월
화장실	rest room	레스트 룸
휴지	toilet paper	토일렛 페이퍼
비상구	emergency exit	이미젼시 엑시트

MEMO

In the Hotel
체크인(예약이 되었을 때)

체크인을 하려고 합니다.

I'd like to check in, please.

아이드 라익 투 체크 인 플리즈

예약은 하셨습니까?

Do you have a reservation?

두 유 해 버 레저베이션

사흘간 예약했습니다. 전 박승일입니다.

I have a reservation for three nights. My name is Park, Seung Il.

아이 헤브 어 레저베이션 포 트리 나이츠 마이 네임 이즈 박승일

아, 네. 트윈 하나군요. 맞죠?

Oh, yes. One twin. Is that right?

오 예스 원 트윈 이즈 댓 롸잇

도로변이 아닌 조용한 뒤쪽 방을 주십시오.

I'd like a quiet back room that doesn't face the street.

아이드 라이커 콰이엇 백 룸 뎃 더즌트 페이스 더 스트릿

그럼 비용이 얼마입니까?

Then how much do I owe you?

덴 하우 머치 두 아이 오우 유

In the Hotel
체크인(예약이 안 되었을 때)

오늘 밤에 묵을 방이 있습니까?

Can I get a room for tonight?

캔 아이 게러 룸 포 투나잇

몇 분이시죠?

For how many people?

포 하우 메니 피풀

어른 두 명입니다.

Two adults.

투 어덜츠

어떤 방을 원하십니까?

What kind of room do you have in mind?

왓 카인드 어브 룸 두유 해브 인 마인드

트윈 룸(싱글/더블)이 필요합니다.

I'd like a twin room(a single / a double), please.

아이드 라이커 트윈 룸(어 싱글 / 어 더블) 플리즈

이 카드에 기입해 주시겠어요?

Will you fill out this form, please?

윌 유 필 아웃 디스 폼 플리즈

어떻게 기입해야 합니까?

Can you tell me how to fill out this form?

캔 유 텔 미 하우 투 필 아웃 디스 폼

성함과 주소만 기입하세요.

Just put down your name and address here.

저스트 풋 다운 유어 네임 앤드 어드레스 히얼

1인용 방 있어요?

Do you have a single?

두 유 해 버 싱글

욕실이 있는 2인용 방을 부탁해요.

I'd like a twin with a bath, please.

아이드 라이커 트윈 위드 어 바스 플리즈

2박하고 싶은데요.

2 nights, please.

투 나잇츠 플리즈

좀 더 싼 방은 없어요?

Do you have a cheaper room?

두 유 해버 취퍼 룸

식사 비용이 포함된 가격인가요?

Does the price include that for meals?

더즈 더 프라이스 인클루드 댓 포 밀즈

In the Hotel

03 안내 부탁하기

짐을 다섯 시까지 맡아 주시겠어요?

Can I leave these things here until 5?

캔 아이 리브 디즈 띵스 히얼 언틸 파이브

맡긴 짐을 돌려주세요.

I'd like to want my things back.

아이드 라익 투 원트 마이 띵스 백

저한테 무슨 메시지가 없어요?

Is there any message for me?

이즈 데얼 애니 메시지 포 미

짐 좀 운반해 주시겠어요?

Would you carry my bags for me?

우 쥬 캐리 마이 백스 포 미

이 편지를 부탁해요.

Please mail this letter for me.

플리즈 메일 디스 레터 포 미

모닝콜 부탁합니다.

Can you give me a morning call?

캔 유 기브 미 어 모닝 콜

In the Hotel
룸 서비스

룸 서비스 부탁합니다.
Room service, please.
룸 써비스 플리즈

비누와 샴푸가 더 필요해요.
Please bring me more soap and shampoo.
플리즈 브링 미 모어 숍 앤 샴푸

드라이크리닝을 부탁해요.
Can I have a dry cleaning?
캔 아이 해브 어 드라이 클리닝

언제 돼요?
When will it be ready?
웬 윌 잇 비 레디

세탁물은 다 됐어요?
Is my laundry ready?
이즈 마이 란드리 레디

와이셔츠를 세탁하고 싶은데요.
I'd like my dress shirts cleaned.
아이드 라익 마이 드레스 셔츠 클린드

123호실의 미스터 박입니다.

Mr. Park in room 123.

미스터 박 인 룸 원투뜨리

마실 물 좀 주시겠어요?

Can I have some water to drink, please?

캔 아이 해브 썸 워러 투 드링크 플리즈

끓인 물 주시겠어요?

Can I have some hot water to drink, please?

캔 아이 해브 썸 핫 워러 투 드링크 플리즈

짐이 아직 안왔어요.

My baggage has not arrived yet.

마이 배기쥐 해즈 낫 어라이브드 옛

이것은 제 짐이 아니에요.

This is not my baggage.

디스 이즈 낫 마이 배기쥐

방 청소를 부탁합니다.

Would you clean up the room?

우쥬 클린 업 더 룸

내일 아침 7시에 깨워 주셨으면 합니다.

Please, wake me up at seven tomorrow morning.

플리즈 웨익 미 업 앳 세븐 투모로우 모닝

In the Hotel
프런트에서

이 근처에 한식 요리점이 있나요?

Is there a Korean restaurant around here?

이즈 데어 러 코리안 레스토런트 어라운드 히얼

여기서 얼마나 되나요?

How far is it?

하우 파 이스 잇

여기서 ~은 먼가요?

Is ~ far from here?

이즈 ~ 파 프롬 히얼

거기는 걸어서 갈 수 있는 거리인가요?

It's within a walk's distance to that?

이츠 위딘 어 웍스 디스턴스 투 댓

외부에 전화를 하려면 어떻게 해야 합니까?

How do I make an outside call?

하우 두 아이 메이크 언 아웃사이드 콜

직접 하실 수 있습니다.

You can dial that direct.

유 캔 다이얼 뎃 다이렉트

인터넷을 사용할 수 있나요?

Could I use the Internet?

쿳 아이 유스 디 인터넷

자동판매기 있어요?

Is there a vending machine?

이즈 데어 러 벤딩 머신

레스토랑은 아침 몇 시부터예요?

What time does the restaurant open in the morning?

왓 타임 더즈 더 레스토런트 오픈 인 더 모닝

아침식사는 몇 시부터 해요?

When does breakfast begin?

웬 더즈 브랙퍼스트 비긴

저녁식사는 몇 시까지예요?

Until what time is dinner served?

언틸 왓 타임 이즈 디너 서브드

도와주세요 방에 열쇠를 둔 채 문을 닫았어요.

Help me. I locked myself out.

헬프 미 아이 락트 마이쎌 아웃

제 방 열쇠를 주시겠어요?

Can I have my room key?

캐나이 햅 마이 룸 키

06 In the Hotel
귀중품 맡기기

호텔

귀중품을 맡길 수 있을까요?

Can I deposit valuables here?

캔 아이 디파짓 벨류어블스 히얼

네, 그러시죠 이 봉투에 넣어서 봉합해 주세요.

Yes, you can. Please put your articles in this envelope and seal it.

예스, 유 캔 플리스 풋 유어 아티클즈 인 디스 에벌로프 앤 씰 잇

언제까지 맡겨 두실 건가요?

How long would you like us to keep it?

하우 롱 우 쥬 라이 커스 투 키 핏

다음주 월요일, 체크아웃할 때까지요.

By the next Monday when we check out.

바이 더 넥스트 먼데이 웬 위 책 아웃

요금을 드려야 하나요?

Is there a charge for this?

이즈 데어 러 차지 포 디스

계산은 내 방으로 달아 주시겠어요?

Will you charge it to my room, please?

윌 유 차지 잇 투 마이 룸 플리즈

07 In the Hotel
체크아웃 하기

지금 체크아웃을 하고 싶은데요.

I'd like to check out now.

아이드 라익 투 체크 아웃 나우

손님은 몇 호 실입니까?

What is your room number?

왓 이즈 유어 룸 넘버

제 방은 603호 입니다.

My room number is 603.

마이 룸 넘버 이즈 씩스지로뜨리

알겠습니다. 처리가 다 되었습니다.

Okay, you are all set.

오케이 유 아 올 셋

여행자 수표로 지불이 가능한가요?

Can I pay with traveler's check?

캔 아이 페이 위드 트레블러스 첵

예, 가능합니다. 하지만 신분증을 보여 주세요.

Yes, you can. But we need your ID, please.

예스 유 캔 벗 위 니드 유어 아이디 플리즈

여기 객실 요금 계산서가 있습니다.

Here's your room bill, sir.

히얼스 유어 룸 빌 써

영수증이 필요합니다.

I'll need a receipt, please.

아일 니드 어 리씨트 플리즈

택시를 불러 주시겠어요?

Would you call a taxi for me?

우쥬 콜 어 택시 포 미

하루 더 묵고 싶습니다.

I would like to stay another day.

아이 우드 라익 투 스테이 어나더 데이

하루 더 일찍 떠나고 싶습니다.

I would like to check out a day earlier.

아이 우드 라익 투 체크 아웃 어 데이 얼리어

방에 두고 온 것이 있어요.

I left something in the room.

아이 레풋 썸띵 인 더 룸

현금으로 하겠어요. / 신용카드로 하겠어요.

In cash. / By creadit card.

인 캐쉬 / 바이 크래딧 카드

08 In the Hotel
문제가 생겼을 때

제 방에 문제가 생겼습니다. 사람 좀 올려 보내 주시겠어요?

There is a problem with my room. Can you send some up?

데얼 이즈 어 프러블럼 위드 마이 룸 캔 유 센드 썸 업

곧, 올려 보내 드리겠습니다.

I'll have someone up there soon.

아일 해브 썸원 업 데얼 순

욕실의 물이 빠지지 않네요.

The bathroom drain doesn't work.

더 배쓰룸 드래인 더즌트 웍

화장실의 물이 멈추지 않네요.

The toilet won't stop running.

더 토일랫 원트 스톱 런닝

화장실 물이 나오지 않네요.

The toilet is not flushed.

더 토일렛 이즈 낫 플러쉬트

샤워에서 더운 물이 나오지 않아요.

Hot water wouldn't come out of the showerhead.

핫 워러 우든   컴 아웃 오브 더 샤워해드

옆방 사람틀이 너무 시끄럽게 떠들어요.

The people in the next door to mine are making too much noise.

더 피플 인 더 넥스트 도어 투 마인 아 메이킹 투 머치 노이즈

열쇠를 잃어버렸어요.

I have lost my key.

아이 해브 로스트 마이 키

407호 입니다.

It's room 407.

이츠 룸 포지로세븐

냉방이 인 돼요.

The cooler doesn't work.

더 쿨러 더즌트 웍

난방이 안 돼요.

The heater doesn't work.

더 히터 더준트 웍

기분이 안 좋은데요.

I feel sick.

아이 필 씩

의사를 불러주세요.

Please call a doctor.

플리즈 콜 어 닥터

에어컨 고장입니다.

The air-conditioner is broken.

디 에어 컨디셔너 이즈 브로큰

불이 안 켜져요.

The light doesn't go on.

더 라잇트 더즌트 고우 온

방을 바꾸고 싶어요.

I'd like to change the rooms, please.

아이드 라익 투 체인지 더 룸스 플리즈

창문이 안 열려요.

This window wouldni open.

디스 윈도우 우든 오픈

룸 서비스가 아직 오지 않았어요.

Room service hasn't come yet.

룸 써비스 헤전 캄 옛

욕실이 더러워요.

The bathroom is dirty.

더 배쓰룸 이즈 더어티

04

교통

교통시설

01 철도

유럽 철도패스를 선택할 때 가장 우선시 되어야 할 것은 본인의 여행일정이다. 여행기간, 가고자 하는 나라 등에 따라 패스를 선택했을 때 가장 올바른 패스를 선택할 수 있다.

버스, 배, 국철 등을 갈아탈 때 무료 또는 할인된 요금을 적용 받는다. 침대차 등을 이용할 때는 별도 요금을 지불한다.

■ 유레일 유스 패스(Eurail Youth Pass)

12세~25까지의 젊은 여행자를 위한 저렴한 2등석 전용 패스다. 1등석에 탈 경우, 침대차를 이용할 경우, 특급열차 등을 탈 때는 추가 요금을 지불한다. 유럽 33개국(프랑스, 스위스, 벨기에, 룩셈부르크, 스웨덴, 노르웨이, 포르투칼, 스페인, 그리스, 핀란드, 아일랜드, 헝가리) 등에서 통용되는 유레일 패스를 이용하면 않은 나라를 자유롭게 오갈 수 있다. 더 많은 유럽 국가를 여행하기 원하는 사람에게 적합하다.

■ 유레일 플랙시 패스(Eurail FLexi Pass)

사용기간이 10일 또는 15일로 제한되어 있는 유레일 패스. 한달 미만의 기간 동안 유럽의 주요 나라만 여행한다면 유로패스를, 조금 긴 일정 동안 유럽의 보다 많은 나라를 여행하려면 유레일 플랙시 패스를 선택하면 된다.

■ USA 레일 패스(USA Rail Pass)

미국을 여유있고 우아하게 여행할 수 있는 방법이다. 좌석도 편리하고 시설도 잘 갖추어져 있다. 보통차에 해당하는 코치라도 비행기 퍼스트 클래스 이상으로 공간이 넓다. 하지만 노선이 적어 이용하는데 제약이 따른다. 미국철도여객수송공사는 암트랙(Amtrak)을 운영하고 있는데, 암트랙에서는 외국인 여행자를에게 USA 레일 패스를 발행하고 있다. 지역별·기간별로 가격이 다르므로 잘 알아보고 자신에게 맞는 것을 선택한다. 15일, 30일 사용 가능한 2가지 패스가 있다.

02 선박

유럽의 페리는 유레일 패스 소비자에게 할인 혜택을 준다. 24시간 전에 예약을 하여야 하며 30분 전까지는 승선을 하여야 한다. 선박 내부엔 운동 시설, 환전 우편 등의 편의 시설이 갖추어져 있다.

노선1) 영국과 유럽대륙
노선2) 스칸디나비아 노선
노선3) 지중해 노선

03 버스

외국인 전용 할인 패스가 있으므로 국내에서 미리 준비를 하고 나가면 편리하다. 버스는 철도보다 운임이 저렴하며 다양한 시간에 이용 할수있다.

■ 유로라인 버스(Euroline Bus)

유레일 패스로 이용하기 어려운 지역을 여행할 때나 국가간 이동이 적은 여행지가 이용하면 편리하며 유래일 패스보다 가격이 40%정도 저렴하다.

■ 아메리패스(Ameripass)

미국의 버스망은 미국 곳곳을 연결하고 있기 때문에 미국 전지역을 버스를 이용하여 다니는 것이 가능하다. 하지만 좁은 좌석에서 계속 있어야 하므로 체력을 필요로 한다. 또 밤에는 위험하므로 밤에 도착하는 스케줄은 가능한 피하고 야간버스도 피한다.

4, 5, 7, 15, 30, 60일용 패스가 있으며 어린이는 어른 요금의 50%로 할인을 받는다. 호텔, 시내 관광, 렌터카 등을 이용시 10~20% 할인 혜택이 있다.

※아메리패스가 북미대륙 패스로 이름이 바뀌었다.

기존 아메리패스가 북미대륙 패스로 이름이 바뀌었으며, 기존 아메리패스 이외에 캐나다 지역을 이용할 수 있는 패스가 추가되었다. 패스 종류가 10가지로 다양해 졌으며, 이용하고자 하는 지역에 맞는 패스를 선택하여. 전 북미대륙을 마음껏 여행할 수 있다. 알레스카와 하와이를 제외한 전 북미 대륙 3700곳, 17,000마일의 루트를 확보하고 있는 장거리 버스 노선으로 그레이하운드와 제휴한 회사들의 버스를 유효기간 내에 마음껏 탑승, 거의 모든 곳을 갈 수 있는 경제적이고도 편리한 패스이다 그레이 하운드 터미널 승차권으로 교환해서 사용할 수 있으며, 한국에서 바우처를 구입하면 국제 할인 요금을 적용받을 수 있다. 북미대륙의 광대함을 느끼고, 한국에는 없는 자연경관을 접하고, 일반 시민과 접촉하면서 미국인의 생활모습을 볼 수 있는 버스여행은 미국을 가장 잘 실감할 수 있는 방법이 될 것이다.

04 지하철

■ 유럽 지하철

유럽의 지하철은 노선도만 있으면 어디든 편리하게 이동할 수 있다. 자동판매기에서 표를 구입하는데 잔돈을 거슬러주지 않으므로 잔돈을 충분히 준비하여야 된다.

■ 미국의 지하설

미국의 지하철은 24시간 운행되고 있으나 되도록 늦은 시간에는 이용하지 않는 것이 안전하다.

05 택시

택시를 이용할 때는 택시 정류장에서 타거나 콜택시를 이용할 수 있으며 보통 요금의 10~15%정도의 팁을 지불한다. 택시요금의 산출법은 국가에 따라 다르게 산출된다. 미국의 경우 택시를 잡는 것이 큰 도시의 호텔이나 역에서나 가능하기 때문에 전화로 택시를 부르는 것이 좋다.

교통에 관련된 단어

역	station	스테이션
기차	train	트레인
기차표	(railroad) ticket	레일로드 티켓
지정권	reserved seat (ticket)	리저브드 싯(티켓)
침대차	sleeping car	슬리핑 카
식당차	dining car	디어닝 카
특등객차	parlor car	팔러카
야간열차	night train	나잇트 트레인
1등석	frist class	퍼스트 클래스
2등석	second class	세컨드 클래스
역의 입장권	platform ticket	플랫폼 티켓
매표소(미국)	ticket office	티켓 오피스
매표소(영국)	booking office	부킹 오피스
편도표(미국)	one-way ticket	원웨이 티켓
편도표(영국)	single ticket	씽글 티켓
왕복표(미국)	round-trip ticket	라운드트립 티켓
왕복표(영국)	return ticket	리턴 티켓
지하철(미국)	subway	썹웨이
지하철(영국)	underground	언더그라운드
여객선	passenger ship	패신저 쉽
유람권	excursion ticket	익스커션 티켓
여객운임	passengers' fares	패신저스 페어즈

버스	bus	버스
버스요금	bus fare	버스 페어
버스여행	coach tour	코치 타워
버스정류장	bus stop	버스 스톱
장거리 버스정류장	coach station	코치 스테이션
버스터미널	bus terminal	버스 터미널
관광버스	sightseeing bus	싸이트씽 버스
통근버스	city-operated bus	시티오퍼레이티드 버스
장거리버스	long distance bus	롱 디스턴스 버스
항구	port	포드
(여행중의)체류지	port of call	포트 오프 콜
여행객	passenger	패신져
여객기	passenger (air)plane	패신져 (에어)플레인
수화물보관소	luggage room	리기쥐 롬
수화물	traveler's baggage	트레블러스 배귀쥐
여객안내소	an inquiry office	언 인쿼리 오피스
택시	taxi	택시
택시정류장	taxi stand	택시 스탠드
(속어)요금을 속이다	arm it	암 잇
택시를 잡다	get a taxi	겟 어 택시
거스름돈	change	채인지
보증금	deposit money	디포짓 머니
주유소	oil[gasoline] station	오일(가솔린) 스테이션

MEMO

베모

Transportation
거리에서

실례합니다만, 시청이 어딘지 가르쳐주시겠어요?

Excuse me, but could you tell me where I can find the City Hall?

익스큐즈미 벝 쿠쥬 텔 미 웨얼 아이 캔 파인 더 씨티 홀

시내에 가려하는데, 무엇을 타고 가면 됩니까?

What kind of transportation should I use?

왓 카인드 어브 트랜스프테이션 슈 아이 유즈

공중전화가 어디 있습니까?

Where can I find a public telephone?

웨어 캔 아이 파인드 어 퍼브릭 텔레폰

여기서 얼마나 멀어요?

How far is it from here?

하우 파 이즈 잇 프롬 히얼

김포공항은 어떻게 갑니까?

How can I get to Gimpo Airport?

하우 캔 아이 겟 투 김포 에어포트

이 길로 쭉 두 블록 내려가십시오.

Go straight two blocks on this street.

고우 스트레잇 투 블럭스 온 디스 스트릿

델리로 가려면 어디서 내려야 하지요?

Where do I get off for DELHI?

웨얼 두 아이 겟 오프 포 델리

길을 잃었습니다. 여기가 어디죠?

I am lost. Where am I now?

아이 엠 로스트 웨어 렘 아이 나우

미안합니다만, 길을 잃었습니다.

Excuse me, but I have lost my way.

익스큐즈 미 벝 아이 해브 로스트 마이 웨이

힐튼호텔 가는 길 좀 알려 주시겠습니까?

Could you tell me the way to the Hilton Hotel?

쿠 쥬 텔 미 더 웨이 투 더 힐튼 호텔

거기까지 걸어서 얼마나 걸릴까요?

How long will it take to walk there?

하우 롱 윌 잇 테익 투 워크 데얼

가장 가까운 지하철역은 어디인가요?

Where is the nearest subway station?

웨얼 리즈 더 니얼리스트 썹웨이 스테이션

코리아타운은 어떻게 가나요?

How can I get to Koreatown.

하우 케나이 게 투 코리아타운

Transportation
버스 타기

버스 타는 곳이 어디죠?
Where can I get a bus?
웨얼 캔 아이 겟어 버스

표를 어디서 사죠?
Where do I get a ticket?
웨녈 두 아이 겟 어 티켓

국립 박물관에 가려고 하는데, 요금이 얼마죠?
I'd like to go to national museum. What's the fare, please?
아이 드 라익 투 고 투 내셔널 뮤지엄 왓츠 더 페어 플리즈

2장 주세요. 얼마입니까?
Two (tickets) please. How much do I owe you?
투 티켓스 플리즈 하우 머치 두 아이 오우 유

버스 탈 잔돈이 좀 필요합니다.
I need some change for the bus.
아이 니드 썸 체인지 포 더 버스

토론토 행 버스는 어디서 출발하죠?
Where does the bus for Toronto leave?
웨얼 더즈 더 버스 포 토론토 리브

시드니로 가는 다음 버스는 언제입니까?

When is the next bus for Sydney?

웬 이즈 더 넥스트 버스 포 시드니

마지막 버스 시간이 어떻게 됩니까?

What time does the last bus leave?

왓 타임 더즈 더 라스트 버스 리브

거기까지 버스로 얼마나 걸립니까?

How much does it take to go there by bus?

하우 머치 더즈 잇 테이크 투 고우 데일 바이 버스

여기서 브로드웨이로 가는 버스가 있습니까?

Is there any bus going to Broadway from here?

이즈 데어 애니 버스 고잉 투 브로드웨이 프롬 히얼

뉴욕까지 직행 버스가 있습니까?

Is there any bus that goes to Newyork directly?

이즈 데얼 애니 버스 뎃 고우즈 투 뉴욕 다이렉틀리

몇 번 버스를 타면 되나요?

What kind of bus should I take?

왓 카인 오브 버스 슈라이 테이크

관광 버스표를 살 수 있을까요?

Can I get a ticket for the sightseeing bus?

캔 아이 게 러 티켓 포 더 싸이트씽 버스

이 버스가 뉴욕으로 갑니까?

Does this bus go to LA?

더즈 디스 버스 고우 투 엘에이

거기에 도착하면 알려주시겠어요?

Will you remind me when we get there?

윌 유 리마인드 미 웬 위 겟 데얼

서울로 가는 버스로 갈아타려면 어디서 내려야 합니까?

Where can I transfer to a bus for Seoul?

웨얼 캔 아이 트랜스퍼 투 어 버스 포 서울

여기 앉아도 됩니까?

May I sit here?

메 아이 씻 히얼

버스를 잘못 탔습니다.

You took the wrong bus.

유 톡 더 렁 버스

버스 노선도 볼 수 있나요?

May I have a bus route map?

메아이 해버 버스 루우트 맵

7번을 타세요.

Please take bus number 7.

플리즈 테익 버쓰 넘버 쎄븐

택시 승강장은 어디 있습니까?

Where is a taxi stand?

웨얼 이즈 어 택시 스탠드

이 주소(캐피탈 호텔)로 가 주세요.

Take me to this address(Capital Hotel), please.

테익 미 투 디스 어드레스(캐피탈 호텔) 플리즈

거기까지 얼마나 걸립니까?

How far is it from here to there?

하우 파 이즈 잇 프롬 히얼 투 대얼

여기서 기다려주세요.

Wait for me here, please.

웨잇 포 미 히어 플리즈

여기서 세워주세요.

Stop here, please.

스탑 히얼 플리즈

저기 건물 앞에 세워주세요.

Stop in front of that building, please.

스탑 인 프론트 어브 뎃 빌딩 플리즈

미터요금보다 더 많이 받으시네요?

You're over charging me.

유아 오버 차징 미

거스름돈을 덜 주셨어요.

I was short-changed.

아이 워즈 숏 체인지드

잔돈은 그냥 가지세요.

Keep the change.

킵 더 체인지

서둘러 주세요.

Please, hurry up.

플리즈 허뤼 업

지금 어디를 지나고 있습니까?

Where are we passing now?

웨어 러 위 패싱 나우

시청에 가려면 어디서 내리죠?

Where do I get off for City Hall?

웨얼 두 아이 겟 오프 포 시티 홀

도중에 내릴 수 있습니까?

Can I stop over on the way?

캔 아이 스탑 오버 온 더 웨이

04 Transportation
렌터카

차는 어디서 빌립니까?

Where can I rent a car?

웨얼 캐나이 렌트 어 카

차를 한 대 빌릴 수 있을까요?

Can I rent one of your cars?

캔 아이 렌트 원 어브 유어 가스

네. 어떤 차를 원하세요?

Yes, sir. What kind of car would you like?

예스 씨 왓 카인드 어브 카 우쥬 라이크

오토매틱이 좋아요.

I'd like an automatic.

아이드 라이크 언 아러메틱

어떤 사이즈를 원하세요?

Which size do you like?

위치 사이즈 두 유 라익

밴을 빌리고 싶어요.

I'd like to rent a van.

아이드 라이크 투 렌트 어 밴

소형차를 원합니다.

I'd like a compact car.

아이드 라이크 어 컴팩트 카

저 차로 선택하겠어요.

I'll take that car.

아일 테익 댓 카

임대 요금은 얼마입니까?

What's your rental fee?

왓쓰 유어 렌탈 피

요금표를 보여 주시겠습니까?

May I see the rate list?

메 아이 씨 더 레이트 리스트

얼마 동안 쓰실 겁니까?

How long do you need to rent it?

하우 롱 두 유 니드 투 렌트 잇

3일 동안 쓸 겁니다. 하루에 요금이 얼마나 되나요?

I'll take it for three days. What will you charge for one day?

아일 테이킷 포 뜨리 데이스 왓 윌 유 차지 포 원 데이

하루에 40달러입니다.

That'll be forty dollars per day.

댓 일 비 포티 달라스 퍼 데이

다른 곳에서 차를 반환하려면 별도의 요금을 내야 합니까?

Is there a drop-off charge for one way?

이즈 데어 러 드랍 오프 차아쥐 포 원 웨이

네, 타지역에서 반환하실 때는 타지역 반환 요금을 내셔야 합니다.

Yes, we charge for a drop-off.

예스 위 차아쥐 포 러 드랍 오프

주행거리 요금도 받나요?

You separately charge on a basis of mileage?

유 세퍼틀리 차아쥐 온 어 베이시스 오브 마일리지

아닙니다 저희는 무제한 주행 거리 제도를 쓰고 있습니다.

No, sir. We offer a free unlimited mileage policy.

노 써 위 오퍼 러 프리 언리미티드 마일리지 팔러시

좋아요, 결정하죠. 차를 주세요.

Okay, I'll take it. Give me the car.

오케이 아일 테이 킷 김 미 더 카

세 시간 빌리고 싶은데요.

I'd like to keep it for 3 hours.

아이드 라이크 투 킾 잇 포 뜨리 아우어스

운전 면허증과 신용카드도 필요합니다.

May I see your driver's license and a major credit card?

메 아이 씨 유어 드라이버스 라이센스 앤 어 메이저 크레딧 카드

보험은 들어있습니까?

Is your car insured?

이즈 유어 카 인슈어드

잠깐 여기에 주차해도 될까요?

Can I park here just for a second?

캔 아이 파크 히얼 져스트 포 러 세컨드

그것은 어떻게 작동되나요?

How does it work?

하우 더즈 잇 웍

이 차선은 버스 전용차선 입니다.

Only buses can drive in this line.

온리 버시스 캔 드라이브 인 디스 라인

(연료를)가득 채워 주세요.

Please fill it up. / Fill her up.

플리즈 필 잇업 / 필 허 업

가장 가까운 주유소가 어디에 있나요?

Where is the nearest gas station?

웨얼 이스 더 니어리스트 개스 스테이션

이곳은 일방통행입니다.

This is one way.

디스 이즈 원 웨이

이 길은 막다른 길입니다.

This is the dead end.

디즈 이즈 더 데드 엔드

차안에 열쇠를 두고 문을 닫아버렸어요.

I'm locked out of my car.

아임 락트 아웃 오브 마이 카

그것은 어떻게 작동되나요?

How does it work?

하우 더즈 잇 웍

차가 고장입니다. 견인하러 와 주시겠어요?

My car had broken down. Could you send someone to tow it in?

마이 카 해드 브로큰 다운 쿠 쥬 센드 썸원 투 토우 잇 인

내 차가 고장났어요.

My car broke down.

마이 카 브로크 다운

면허증을 보여 주시겠습니까?

May I see your driver's license, please?

메 아이 씨 유얼 드라이버스 라이센스 플리즈

사고가 났을 때 연락할 수 있는 전화번호를 주세요.

Please give me some numbers to call in case of an accident.

플리즈 기브 미 썸 넘버스 투 콜 인 케이쓰브언 액씨던트

Transportation
지하철 타기

가장 가까운 지하철역이 어디 있습니까?

Where is the nearest subway station?

웨얼 이즈 더 니어리스트 썹웨이 스테이션

지하철 표는 어디서 사나요?

Where can I get a subway ticket?

웨일 캔 아이 게 러 썹웨이 티켓

피닉스행 차표는 어디서 사요?

Where can I get a ticket for Phoenix?

웨얼 캔 아이 게 러 티켓 포 피닉스

저 자동판매기에서 사면 됩니다.

You can get one from that ticket machine.

유 캔 겟 원 프롬 뎃 티켓 머신

저 기계를 어떻게 사용하는지 알려 주시겠습니까?

Could you tell me how to use it?

쿠 쥬 텔 미 하우 투 유즈 잇

깨끗한 1달러짜리 지폐를 돈 넣는 곳에 넣고 버튼을 누르세요.

Insert a crisp dollar bill into the slot and then push the button.

인써트 어 크리스프 달러 빌 인투 더 슬랏 앤 덴 푸쉬 더 버튼

지하철 노선도 주세요.

Please give me a subway route map.

플리즈 기브 미 어 썹웨이 루우트 맵

매표소는 어디예요?

Where is the ticket counter?

웨얼 이즈 더 티켓 카운터

대인표 두 장 주세요.

Two adults, please.

투 어덜츠 플리즈

소인표 한 장 주세요.

One child, please.

원 차일드 플리즈

표를 잃어버렸어요.

I have lost my ticket.

아이 해브 로스트 마이 티켓

어디서 갈아타야 하나요?

Where should I transfer?

웨얼 슈라이 트렌쓰퍼

다음 정거장은 어디입니까?

What stop is next?

왓 스탑 이즈 넥스트

Transportation

기차 타기

버펄로행 표 한 장 주세요.

One ticket to Buffalo, please.

원 티켓 투 버팔로 플리즈

편도표를 드릴까요, 왕복표를 드릴까요?

One-way or round-trip?

원 웨이 오일 라운드 트립

왕복으로 주세요.

Round trip, please.

라운드 트립 플리즈

편도로 주세요.

One-way trip, please.

원 웨이 트립 플리즈

이것은 급행입니까, 완행입니까?

Is this an express or a local train?

이즈 디스 언 익스프레스 오알 어 로칼 트레인

내가 탈 기차는 몇 번 트랙에서 떠납니까?

From what track does my train leave?

프롬 왓 트랙 더즈 마이 트레인 리브

기차를 타려면 미리 예약을 해야 하나요?

Do I have to make a reservation to take a train?

두 아이 해브 투 메이커 레저베이션 투 테이크 어 트레인

꼭 그런 건 아닙니다. 어느 기차를 타느냐에 달렸죠.

Not always. It depends upon what tram you take.

낫 올웨이즈잇 디펜즈 어펀 왓 트레인 유 테익

돌아올 때 쓰는 표는 언제까지 유효합니까?

How long does the return ticket hold good?

하우 롱 더즈 더 리턴 티켓 홀드 굿

유효기간이 표에 쓰여 있습니다.

The term of validity is written on the ticket.

더 텀 어브 벌리더티 이즈 리튼 온 더 티켓

피닉스행 기차 있습니까?

Is there any train for Phoenix?

이즈 데얼 애니 트레인 포 피닉스

몇 시에 시카고행 열차가 있나요?

When does the train for Chicago leave?

웬 더즈 더 트레인 포 시카고 리브

매시 정각에 있습니다.

Every hour on the hour.

에브리 아우어 온 디 아우어

이 짐을 탁송할 수 있을까요?

Can I consign my baggage?

캔 아이 컨사인 마이 배기쥐

네, 수하물계는 다음 다음 창구입니다.

Yes, you can handle your baggage in the one after the next window.

예스 유 켄 핸들 유어 배기쥐 인 더 원 애프터 더 넥스트 윈도우

식당차는 있습니까?

Does the train have a dining car attached to it?

더즈 더 트레인 해브 어 다이닝 카 어태치터 잇

다시 말씀해주세요.

Please, say it again.

플리즈 세이 잇 어겐

뉴욕행 막차는 몇시에 있나요?

What time is the last train for New York?

왓 타임 이즈 더 라스트 트레인 포 뉴욕

학생 할인 되나요?

Do you offer student discount?

두 유 오퍼 스투던 디스카운트

Transportation
배 타기

이 강에서 유람선을 타려면 어디로 가야 합니까?

Where sould I go to get an excursion cruise around this river?

웨인 숫 아이 고 투 겟 언 익스컬션 크루즈 어라운드 디스 리버

이 강을 따라 10분쯤 내려가십시오.

Go down the river for about ten minutes.

고우 다운 더 리버 포 어바웃 텐 미니츠

이 강에는 어떤 종류의 유람선 관광이 있나요?

What kinds of boat tours are available?

왓 카인즈 오브 보우트 튜어즈 아 어베일러블

단거리 관광과 장거리 유람이 있죠.

A short tour and a long-distance cruise.

어 숏 투어 앤 어 롱 디스턴스 크루즈

단거리 관광표 한 장 사고 싶은데요.

I'd like to get a ticket for the short tour.

아이드 라익 투 게 러 티켓 포 더 숏 투어

네. 20달러 되겠습니다.

All right. That will cost twenty dollars.

올 라잇 뎃 윌 코스트 트웬티 달러스

단거리 관광은 시간이 얼마나 걸리나요?

How long does it take to do a short-distance tour?

하우 롱 더즈 잇 테익 투 두 어 쇼어트 디스턴스 투어?

2시간 걸립니다.

It takes two hours.

잇 테익스 투 아우어즈

어디서 배를 타죠?

Where do I board the boat?

웨얼 두 아이 보드 더 보트

바로 저 선착장에서 타십시오.

Right there at the pier.

롸잇 데얼 앳 더 피어

승선 시간은 몇 시입니까?

What time do we embark?

왓 타임 두 위 임박크

배 위에서 식사를 할 수 있습니까?

Do you serve any meal on board?

두 유 서브 애니 밀 온 보드

이제 입항입니다.

We'll soon be in port.

위일 순 비 인 포트

다음 기항지는 어디입니까?

At what are we calling in the next?

앳 왓 아 위 콜링 인 더 넥스트

배가 얼마나 자주 출항하나요?

Do you know how often the boats sail?

두 유 노우 하우 오픈 더 보우트 쌔일

매 시간출발해요.

Once an hour.

원스 언 아워

배표는 어디서 사나요?

Where can I get a ship ticket?

웨얼 캐 나이 게 러 쉽 디켓

(   )로가는 표가 있나요?

Is there a ticket to the (   )?

웨어 러 위 패싱 나우

1등 선실(2등 선실)로 주세요.

The first-class(One second-class)cabin, please.

더 펄스트 클래스(원 세컨트 클래스)캐빈 플리즈

05

식사

레스토랑 상식

01 식사습관

영국이나 미국에서는 주 1회~2회는 밖에서 식사하는 것이 습관화
되어 있다. 우리와 달리 영·미나 유럽에서의 외식은 식당 예약을 미

리 해두거나 웨이터가 안내하
기 전에 임의로 자리에 앉지
않는다거나 정장 차림만 허용
되는 등 약간의 형식이나 절
차를 익혀 두지 않으면 실수
를 하게 되거나 실례가 되는
경우가 종종 있다,

02 주문(order)

• 영국과 미국에서는 일반적으로 식당 입구에서 손님(guest)의 코
트나 주요 소지품 등을 맡겨두는 보관소(cloakroom)가 있다. 보
관소에 코트나 소지품을 맡기는 것을 check라고 힌다. 비교적 규
모가 큰 식당에서는 손님이 올 경우 즉시 웨이터장(headwailer)
이 나타나 손님의 수에 따라 앉을 자리(seat)를 안내한다.

• 웨이터장의 안내로 자리에 앉게 되면 웨이터가 메뉴(menu)를
가지고 하나하나 주문을 받게 된다.

• 이때 보관소에 맡기지 않은 핸드백이나 지갑 등을 빈 좌석이나 테이블 위에 놓아서는 안 된다.

• 주문을 할 때는 매뉴 중에서 그 식당이 가장 잘하는 요리(spec-ialty)를 청하여도 좋고 웨이터에게 "What would(do) you recom-mend (today)?" 라고 추천을 받아도 좋다. 주문을 할 때는 계산을 각자 부담할 때 (go Dutch) 또는 전표에 각각 의사 표시시를 미리 하여야 한다.

• 메뉴(menu)와 식사 코스(dinner course) 메뉴는 크게 두 가지로 나누어 정식(table d'hote)과 취향대로 즐길 수 있는 요리(a laca-rte dish)가 있다. 정식은 요리의 순서가 있다.

• 우선 맨 처음 입맛을 돋우기 위해 와인(wine)이나 맥주 등과 함께 오르되브르(hors d'oeuvre)가 나오게 된다. 카나페(canape)도 같은 일종이다. 그 다음에는 수프(soup)가 나온다.

• 수프는 두 종류가 있는데 콩소매(consomme = clear soup)와 포타주(polage = thick(cream) soup)로 나뉘며 주문할 때 선택한다.

• 다음에는 빵(bread)이 니온다. 빵은 white bread, brown bread, roll이 있는데 마찬가지로 웨이터에게 선택 주문한다. 버터는 보통 식탁 위에 놓여 있으며 멀리 있으면 "Will you pass(me) the butter, pleaser?" 라고 옆사람에게 부탁한다.

- 다음에는 본격적인 요리(main dish, main course)가 나오게 되는데 요리 용어로 앙트레 entree(=entry)라고 한다. 보통 생선이나 고기 요리가 나오게 된다. 고기 요리(steak)를 주문할 때는 완전히 익힌 것(well-done)인지, 살짝 익힌 것(medium)인지, 겉만 익힌 것(rare) 인지 의사 표시를 해야 한다. 지방질을 뺀 고기는 fillet 라고한다.

- 마지막으로 디저트(desert)가 있다. 디저트로는 케이크(cake)나, 아이스크림(ice-cream) 등이 나온다. ice-cream은 바닐라(vanilla), 초콜릿(chocolate) 등의 맛과 향이 서로 다른 것들이 많다. 커피는 식사 중에 마실지(with one's(the) meal), 식사 후에 마실지(alter the meal) 의사 표시를 하여야 한다.

- 지불(payment)할 때 영국이나 미국에서는 대금 지불이 보통 식탁 에서 이루어진다.

- 식당 팁
외국에는 거의 레스토랑에는 팁을 남겨야 한다. 특히 미국은 식당 이외인 택시도 팁을 받는다. 음식을 다 먹고 난 후 요금에서 10~ 15%정도 지불하면 된다.(동전을 주지 않는 것은 기본)

◎ 트림과 재채기

우리나라 사람들은 일반적으로 재채기에 대해 상당한 융통성을 보인다. 이에 비해 서양인들은 코 풀기에 대해 매우 너그러운 입장을 취한다. 코 풀기에 대해 관대하다고 해서 서양인들이 식탁이라든지 혹은 공공장소에서 수시로 코를 풀어댄다고 생각하면 오해다. 서양인들도 코를 싫어하기는 한국인이랑 매 한가지다. 코를 계속 훌쩍대는 것보다는 차라리 푸는 게 낫다고 생각할 따름이다.

그리고 코를 풀 땐 그저 손수건으로 닦아내는 정도로 생각하면 크게 틀리지 않는다. 서양인들은 손수건을 보면 마치 조건반사처럼 콧물을 연상한다. 따라서 아무리 향수를 뿌린 예쁜 꽃무늬 손수건이나 실사라도 공공석상에서 시도 때도 없이 꺼내서는 안 된다. 특히 레스토랑에서 냅킨을 사용하지 않고 자신의 손수건으로 입을 닦는 모습을 보면 서양인들은 대경실색하게 되니 주의해야 한다.

◎ 식탁 매너

동양적 사고방식에서는 여러 사람이 식사를 한 때, 모든 요리가 다 나오기 전에 먼저 먹는 것을 예의에 어긋나는 것으로 여기지만, 서양요리는 요리가 나오는 대로 바로 먹기 시작한다. 서양요리는 뜨거운 요리든 찬 요리든 가장 먹기 좋은 온도인 때 고객에게 서브 되고 좌석 배치에 따라 상석부터 제공되기 때문이다. 따라서 온도가 변하기 전에 먹는 것이 제맛을 즐길 수 있는 요령이다. 그러나 4~5명이 함께 식사를 하는 경우에는 요리가 나오는 시간이 그다지 길지 않으므로 조금 기다렸다가 함께 식사하는 것이 좋다. 특히 윗 사람의 초대를 받은 경우에는 윗 사람이 포크와 나이프를 잡은 후에 먹기 시작하는 것이 에티켓이다.

구운	baked	베이키드
삶은, 데친	boiled	보일드
뼈가 달린	boned	보운드
튀겨서 끓인	braised	브레이즈드
불에 구운	broiled	브롸일드
냉각시킨	chilled	취얼드
양념한	flavored	플레이보드
기름에 튀긴	fried	프라이드
요리에 곁들이는 것	garnished	가니쉬드
석쇠에 올려놓고 구운	grilled	그릴드
마리네이드에 담근	marinated	마뤼네어리드
짓이긴	mashed	매쉬드
불에 구운	roast	로스트
살짝 튀긴	saute	써테
얇게 저민	sliced	슬라이스드
훈제한	smoked	스모크트
채워 넣은	stuffed	스터프트
붉고 맑은 수프	consomme	콘소매
진한 야채 수프	potage	포타지
이태리 풍의 수프	minestrone	미너스트로니
프랑스풍의 양파 수프	French onion soup	프랜치 오니온 습
스페인풍의 수프	gazpacho	건파쵸
조개나 생선수프	chowder	촤우더

소고기	beef	비프
송아지 고기	veal	빌
돼지고기	pork	폭
양고기	mutrnn / lamb	머턴 / 램
닭고기	chicken	치킨
소, 돼지의 등심살	fillet	필렛
채끝살	sirloin	씰로인
갈비살	rib	립
엉덩이살	rump	럼프
닭고기의 기슴살	chicken broast	치긴 ㅂ레ᄉ트
커틀렛(얇게 저민고기)	cutlet	커틀릿
오리	duck	덕
필레살	filet	필렛
향기 짙은 훈제 쇠고기	pastrami	파스트라미
향신료 또는 소스	chili	칠리
향초	herb	허브

MEMO

식사

01 Eating Out
좋은 레스토랑 찾기

이 근처에 한국 식당이 있습니까?

Is there any Korean Restaurant around here?

이즈 데얼 애니 코리안 레스토런트 어라운드 히얼

일식집 하나 소개 해 주시겠어요?

Would you recommend a good Japanese restaurant?

우 쥬 레커맨드 어 굿 제페니스 레스토런트

이 부근에 좋은 식당을 소개 해 주시겠어요?

Can you recommend a good restaurant near here?

캔 유 레커멘드 어 굿 레스토런트 니얼 히얼

예약을 해야 하나요?

Do we have to make a reservation?

두 위 해브 투 메이 커 레저베이션

예. 저쪽 편에 하나 있습니다.

Yes. There is one over on that street.

예스 데얼 이즈 원 오버 온 뎃 스트릿

거기는 어떻게 갑니까?

How can I get there?

하우 캔 아이 겟 데얼

그 식당은 정장을 해야 하나요?

Do they require a dress code?

두 데이 리콰이어 어 드레스 코드

네, 그렇습니다.

Yes, they do.

예스 데이 두

아니오, 정장이 아니어도 상관없습니다.

Oh, no. Don't bother to dress up.

오 노우 돈트 바덜 투 드레스 업

이 고장 특유의 음식을 먹고 싶은데요.

I'd like to have some local food.

아이드 라익 투 해브 썸 로우컬 푸우드

예약이 필요한가요?

Do I need a reservation?

두 아이 니더 레져베이션

Eating Out
예약하기

7시에 3인용 좌석을 예약하고 싶은데요.

I'd like to book a table for three at seven.

아이드 라익 투 북어 테이블 포 뜨리 앳 세븐

세 분요. 성함을 말씀해 주시겠어요?

For three. And may I have your name?

포 뜨리 앤 메이 아이 해브 유어 네임

'박'입니다. 정장을 해야 하나요?

My name is Park. Should I get dressed up?

마이 네임 이즈 박 슈라이 겟 드레스드 업

저녁 7시로 예약을 하고 싶은데요.

I'd like to make a reservation for dinner at 7 o'clock.

아이드 라익 투 메이 커 레져베이션 포 디너 엣 세븐 어클락

성함이 어떻게 되십니까?

What's your name, please?

왓츠 유어 네임 플리즈

몇 분이시죠?

How many people, sir?

하우 매니 피플 써

일행이 4명입니다.

A party of four.

어 파티 어브 포

어디로 연락을 해야합니까?

Where can we contact you?

웨얼 캔 위 컨텍 츄

캐피탈 호텔 205호실 입니다.

Al the Capital Hotel, Room No.205.

엣 더 캐피탈 호텔 룸 넘버 투지로파이브

금연석이요, 흡연석이요?

Smoking or non-smoking?

스모우킹 오얼 난 스모우킹

흡연석으로 주세요.

Smoking table, please.

스모우킹 테이블 플리즈

예약을 취소하고 싶습니다.

I'd like to cancel my reservation.

아이드 라익 투 캔썰 마이 레져베이션

03 Eating Out
입구에서

몇 분이신가요?

How many, sir?

하우 매니 써

세 명입니다.

Three, please.

쓰리 플리즈

이리로 오시지요. 마음에 드십니까?

This way, please. Is this table right?

디스 웨이 플리즈 이즈 디스 테이블 롸잇

예, 좋군요. 감사합니다.

Yes, that'll be fine. Thank you.

예스 대럴 비 파인 땡큐

예약을 하셨습니까?

Do you have a reservation, sir?

두유 해 버 레지베이션 써

7시에 예약을 했는데요. 제 이름은 '송'입니다.

We have a reservation for 7 o'clock. My name is Song.

위 해 버 레지메이션 포 세븐 어클락 마이 네임 이즈 송

예약하지 않았습니다.

You didn't have any reservation.

유 디든 해브 애니 레져베이션

아니오. 그렇지만 세 사람이 앉을 자리가 있습니까?

No. But do you have a table for three?

노 벋 두 유 해 버 테이블 포 뜨리

알겠습니다. 몇 분만 기다리시면 됩니다.

Okay. It'll be about few minutes.

오케이 이딜 비 어바웃 퓨 미닛츠

준비가 되어 있습니다.

Your table is ready.

유어 테이블 이즈 레디

저를 따라 오세요.

Follow me, please.

팔로우 미 플리즈

지금은 빈자리가 없습니다.

I'm afraid we're full.

아임 어프레이드 위어 풀

정장을 입어야 합니까?

Should I get dressed up?

슈라이 겟 드레스 업

04 Eating Out
주문하기

주문하시지요, 손님.

May I take your order, sir?

메 아이 테익 유어 오더 써

메뉴를 보고 싶은데요.

I'd like to see the menu, please.

아이드 라익 두 씨 디 메뉴 플리즈

뭘로 드시겠습니까?

What will you have?

왓 윌 유 해브

잘 모르겠군요.

I don't know anything.

아이 돈 노 애니띵

무엇이 좋겠습니까?

What do you recommend?

왓 두 유 레커멘드

고기와 생선 중에서 어느 쪽을 더 좋아하세요?

Which do you prefer, meat or fish?

위치 두 유 프리퍼 밋 오알 피쉬

고기를 더 좋아합니다.

I'd rather have meat.

아이드 래더 해브 밋

그러면 A를 드시는 게 어떨까요?

Then, why don't you try the A?

덴 와이 돈 추 트라이 디 에이

어떤 요리죠?

What kind of dish is it?

왓 카인드 어브 디쉬 이즈 잇

구운 고기에 야채를 곁들인 겁니다.

It's grilled meat with some vegetables.

잇츠 그릴드 밋 위드 썸 배지터블즈

좋습니다.

O.K.

오케이

오늘의 특별 메뉴로 하겠어요.

I'll have today's special.

아일 해브 투데이스 스페셜

저도 같은 것으로 부탁해요.

I'll take the same.

아일 테익 더 쎄임

소고기는 어떻게 해드릴까요?

How do you want the beef?

하우 두 유 원트 더 비프

중간쯤 익혀서 주세요.

Medium, please.

미듐 플리즈

바짝 구워서 주세요.

Well-done, please.

웰 던 플리즈

아주 맛이 있는데요.

This is really good.

디스 이즈 리얼리 굿

맵지만 맛있어요.

It's hot, but tasty.

잇츠 핫 벝 테이스티

달지만 맛있어요.

It's sweet, but tasty.

잇스 스윗 받 테이스티

너무 답니다.

It's too sweet.

잇츠 투 스윗

한 개 더 주시겠어요?

May I have one more?

메 아이 해브 원 모어

이걸로 하겠어요.

I'll take this.

아일 테익 디스

햄과 계란을 주문하고 싶어요.

I'd like to order ham and eggs, please.

아이드 라익 투 오더 햄 엔 에그스 플리즈

계란을 스크램블드로 해드릴까요?

Do you want your eggs scrambled?

두 유 원트 유어 에그스 스크램블드

아직 요리가 안왔어요.

Excuse me, I haven't got my food yet.

익스큐즈 미 아이 해븐 갓 마이 풋 옛

한 잔 더 주세요.

I'd like another, please.

아이드 라익 어나덜 플리즈

아주 배가 불러요.

Now, I'm full.

나우 아임 풀

숟가락을 떨어뜨렸어요.

I dropped my spoon.

아이 드랍트 마이 스푼

간장 있어요?

Do you have soy sauce?

두 유 헤브 소이 소스

소금 좀 주세요.

Please, pass me the salt.

플리즈 페스 미 더 쏠트

이건 주문한 것과 다른데요.

This is not what I ordered.

디스 이스 낫 왓 아이 오덜드

이것은 어떤 요리예요?

What kind of dish is this?

왓 카인드 오브 디쉬 이스 디스

이것은 어떻게 해서 먹어요?

How do you eat this?

하우 두 유 잇 디스

추천할 요리가 있나요?

Do you have any reoommendation?

두 유 헵 에니 레커먼데이션

계산서 주세요.

Please, let me have the bill.

플리즈 렛 미 해브더 빌

여기 있습니다.

Here you are.

히얼 유 아

모두 얼마입니까?

How much is it altogether?

하우 머치 이즈 잇 올투게더

이 카드로 계산할 수 있나요?

Do you accept this card?

두 유 억셉트 디스 카드

여행자수표도 되나요?

Do you accept traveller's checks?

두 유 억셉트 트래블러스 책스

영수증을 주십시오.

May I have a receipt, please?

메 아이 해브어 리씨트 플리즈

거스름돈이 틀립니다.

You gave me wrong change.

유 게이브 미 렁 채인지

각자 지불합시다.

Let's go Dutch.

렛츠 고 더치

계산은 제가 하겠습니다.

I'll take care of the bill.

아일 테익 케어 오브 더 빌

내가 지불하겠습니다.

This is on me.

디스 이스 온 미

잘 먹었습니다. 고맙습니다.

It was very good. Thank you.

잇 워즈 배리 굿 땡큐

봉사료가 포함되어있나요?

Is the service charge included?

이즈 디 써비쓰 촤아쥐 인클루딛

이 금액은 뭐죠? / 팁입니다.

What's this amount for? / It's a tip.

왓쓰 디쓰 어마운트 포 / 잇츠 어 팁

Eating Out
술집에서

무엇을 마시겠습니까?

What would you like to drink?

왓 우 쥬 라익 투 드링크

포도주 한 잔 주세요.

May I have a glass of wine, please?

매 아이 해브 어 클래스 어브 와인 플리즈

스카치 위스키와 물을 주세요.

I'll have a bottle or Scotch whisky and a glass of water, please.

아일 해브 어 바틀 오브 스카치 위스키 앤드 어 클래스 오브 워터 플리즈

카운터에 빈자리가 있어요?

Is there room at the counter?

이즈 데얼 룸 엣 더 카운터

포도주 한 병 주세요.

Will you fetch a bottle of wine?

윌 유 페치 어 바틀 어브 와인

한국인들은 술잔을 돌립니다.

Koreans exchange their glasses when drinking.

코리언즈 익스체인지 데어 글래시스 웬 드링킹

Eating Out
패스트푸드점에서

가지고 갈 햄버거를 2개 포장해 주세요.

Would you wrap two burgers up?

우 쥬 랩 투 버거즈 업

빅맥 세트 주세요.

One Big Mac Meal, please.

원 빅 맥 밀 플리즈

진한 커피 주세요.

I'd like my coffee strong.

아이드 라익 마이 커피 스트롱

커피를 더 주시겠어요?

Could I have some more coffer?

쿳 아이 해브 썸 모어 커피

카페라테(카푸치노) 한 잔 주세요.

Can I get a Gaffe Latte(Cappuccino), please?

캔 아이 게 러 까페라떼(카푸지노) 플리즈

빨대는 어디 있습니까?

Where are the straws?

웨어 러 더 스트로우즈

햄버거 하나와 콜라 작은 것 하나 주십시오.

A hamburger and a small coke, please.

어 햄버거 엔 어 스몰 콕크 플리즈

여기서 드실 겁니까? 갖고 가실 겁니까?

Here or to go?

히얼 오얼 투 고

여기서 먹고 갈 겁니다.

I'm having it here.

아임 해빙 잇 히얼

얼마입니까?

How much?

하우 머치

휴지통은 어디 있습니까?

Where is the dust bin?

웨얼 이스 디 더스트 빈

06

관광

관광

※ 바디랭귀지

언어 소통이 안 되는 외국에서 몸짓 손짓도 때로는 유용한 의사전
달 수단이 될 수가 있지만 자칫 잘못하면 자신의 의도와는 다르게
난처한 경우에 처할 수도 있다. 때론 잘못된 몸짓 손짓이나 태도로
목숨을 잃는 경우도 있다.

※ 각국의 종교문화

■ 힌두교 국가

힌두교는 인도와 네팔, 그 외 인도네시아의 발리, 스리랑카 등이 믿
고 있다. 인도의 힌두교와 계급제도(카스트제도)는 밀접한 관계가
있다. 지역 공동체로 이루어져 있으며,
관혼상제, 일상 생활관습, 양식,식사 등
에 엄한 계율이 따른다. 힌두교인들은
왼손은 불결한 손으로 식사 시 왼손을
사용하지 않고 소를 신성시하여 소고
기도 먹지 않는다.

■ 불교 국가

주요 불교 국가 : 태국, 미얀마, 캄보디아, 스리랑카, 부탄, 라오스,
그 밖에 일본, 대만, 중국 등.
불교국에서는 예의를 중시하며, 상대방에 대한 예의나 인사는 합장

으로 대신한다. 사원은 성스러운 장소로 반바지, 짧은 치마 등 현란한 복장으로 출입할 수 없다. 승려는 사진 촬영의 대상이 아니다. 특히 여성은 승려에게 접근해서는 안 된다.

◎ 불교의 주요 행사 / 축하일

• 득도식 – 태국에서 남자는 일생에 한 번 승려가 된다. 이를 기념하는 날을 득도식이라 하여 성대히 치른다.

• 석가 탄생일 – 5월 6일. 인도, 말레이시아에서는 경축일.

• 태국과 라오스에서는 4월이 되면 상대나 장소를 불문하고 물을 끼얹는 물축제가 있으며 공휴일이다.

■ 이슬람 국가

주요 이슬람 국가 : 사우디아라비아, 아랍에미리트, 아프가니스탄 터키, 이란, 파키스탄, 리비아, 쿠웨이트, 이라크, 이집트, 인도네시아, 말레이시아

우상 숭배를 피하고 성전 코란의 교리를 충실히 지킨다.

이슬람교권 국가들은 히쥴라력이라는 음력을 이용한다. 마호메드의 메시아 이주(히쥴라–성환) 시기인 서기 622년 7월 16일을 원년(1년

354일)으로 삼고 있다. 이슬람력의 신년은 축제일이다.

- 예배 – 이슬람 교도들의 대부분이 1일 5회(일출, 정오, 오후, 일몰 직후, 밤)에 예배(세라오)를 본다. 금요일 정오에는 집단 예배를 본다.

- 라마단(단식 기간) – 이슬람력 9월에는 일출에서 일몰까지 단식을 하고 10월 1 일은 단식 해제를 하는 축제일이다.

- 순례(핫지) – 이슬람 교도라면 누구나 일생에 한차례 의무적으로 해야 하는 메카 카바 신전을 찾는 대순례는 12월에 행해진다.

- 희생제 – 12월 순례에 가지 못한 신자들은 새로 지은 옷을 입고 모스코 (사원)에 나가 예배를 본다.

이슬람교 국가에서는 식생활이나 행동에 있어 코란의 규정에 의해 규제나 금기시하는 것들이 많다. 돼지고기, 술, 이성 등이 규제 대상이 되고, 만일 음주를 하면 외국인이라 할지라도 투옥하는 국가도 있으므로 주의해야 한다.

이슬람 국가에서는 돼지고기나 이를 재료로 한 음식은 먹지 않는다.

이슬람 신자들이 중국요리를 기피하는 이유는 돼지고기를 재료로 만든 음식이 많기 때문이다. 이슬람 교리에 의해 깨끗하게 처리되지 않은 음식도 먹지 않는다.

이집트, 모로코 등 일부 국가의 식당에서는 포도주, 맥주를 팔고 있으나 대부문의 이슬람교 국가에서는 음주가 엄격하게 금지된다. 남편 외에 남성에게 얼굴을 보이면 안 되는 국가는 사우디아라비아, 이란, 리비아 등이다. 머리는 신의 은혜를 받는 곳이라 하여 타인의 머리에 손을 얹거나 대는 것을 금기시 한다. 이슬람교의 장례는 간결해서 사신의 머리를 흰포로 써서 메카를 향해 매장한다. 죽은 다음날 장례를 치르며 가족과 친지만 참석한다.

■ 가톨릭 국가

가톨릭은 크게 교황 중심의 로마 가톨릭과 여기서 파생된 동방 정교회로 구분된다. 그리스도교를 국교로 하는 국가의 사회생활은 종교 행사와 축하일 등에 큰 영향을 받는다. 축하일 행사에 참석하거나 교회에 갈 때는 복장에 신경을 써야 한다.

◎ 그리스도교의 축하일

• 안식일– 유대인은 금요일 일몰 이후부터 하루가, 기독교인들은 일요일이 안식일이다.

- 부활절 – 춘분이 지난 후 만월 다음 일요일. 예수 사후 3일째가 부활일이다. 그리스도교 최대 축하일이다.

- 성금요일 – 부활절 직전의 금요일로 예수의 십자가 처형이 이루어진 정오부터 오후 3시까지 엄숙한 예배가 행해진다. 금욕의 금요일이라고도 한다.

- 크리스마스 – 예수 탄신일로 12월 25일. 러시아 정교회에서는 1월 7일로 정한다.

- 추수감사제 – 미국과 캐나다 특유의 축제일로 일 년간의 수확을 하나님께 감사하는 날이다.

- 예수 승천일 – 프랑스에서는 5월 20일이다.

- 성모 승천일 – 8월 15일은 성모 마리아의 승천일이다.

관광	sightseeing
관광가이드	sightseeing guide
관광도시	sightseeing city
관광 버스(배)	tourit, bus[ship]
관광 안내소	travel [tourist] bureau
관광지	tourist resort / sightseeing resort[place]
관광코스	tourist route
시내 관광	city-sightseeing
카지노	casino
만지지 마시오	Hands off. / Do not touch.
(평소대로)영업 합니다	Business as usual.
영업을 쉬다	Suspend business / Close one's shop
영업 중	Be in operation
영업을 시작함	Open[commence] business
입구에 서 있지 마시오	Don't stand in the doorway.
무료입장	Entrance free
입장사절	No Entrance
내일 오후 좌석을 예약합니다	Keep me a seal for tomorrow afternoon.
(열차)좌석이 전부 예약됐음	AII seats are taken.
(극장)만원	Standing Room Only
지정권	reserved~seat ticket
위험(경고)	Danger

153

MEMO

행정

01 Sightseeing
관광 안내소 이용하기

관광 안내소는 어디에 있습니까?

Where's the tourist information center?

웨얼즈 더 투어리스트 인포메이션 센터

관광 안내서는 있습니까?

Are there any guidebooks?

아 데얼 애니 가이드북스

관광객을 위한 안내서가 있습니까?

Do you have a tourist guide brochure?

두 유 해브 어 투어리스트 가이드 브러슈어

이 도시의 지도를 얻고 싶습니다.

I'd like to get this city map.

아이드 라익 투 겟 디스 시티 맵

이 도시에서는 무엇을 보면 좋습니까?

What should I see in this city?

왓 슈 아이 씨 인 디스 시티

한국말을 하는 가이드가 있는 관광이 있습니까?

Do you have any tour with Korean-speaking guides?

두 유 해브 애니 투어 위드 코리안 스피 킹 가이즈

단어

Sightseeing
시내 관광

시내 관광은 있습니까?

Do you have any city tour?

두유 해브 애니 시티 투어

이 관광은 몇 시간 걸립니까?

How long does this tour take?

하우 롱 더즈 디스 투어 테익

언제 출발합니까?

When do we leave?

웬 두 위 리브

이 건물은 왜 유명합니까?

What is this building famous for?

왓이즈 디스 빌딩 페이머스 포

난 자유의 여신상이 보고 싶어요.

I want to see the Statue of Liberty.

아이 원 투 씨 더 스테츄 어브 리버티

첫 방문입니다.

This is my first visit.

디스 이즈 마이 퍼스트 비지트

사적지가 있습니까?

Are there any historical sites?

아 데얼 애니 히스토리컬 싸이츠

이 성에서는 가이드의 안내가 있습니까?

Do you have a guided tour of this castle?

두 유 해브 어 가이디드 투어 어브 디스 캐슬

가이드를 고용할 수 있습니까?

Is it possible to hire a guide?

이짓 파써블 투 하이어 러 가이드

가볼 만한 장소를 몇 군데 소개해 줄래요?

Can you recommend some tourist attractions?

캔 뉴 레커맨드 썸 투어리스트 어트렉션즈

이 도시에서 가장 볼만한 게 뭐죠?

What are the best sights to see in this town?

왓 아 더 배스트 싸이츠 투 씨 인 디스 타운

이 길이 맞습니까?

Is this the right way?

이즈 디스 더 롸잇 웨이

이 거리의 이름이 뭐죠?

Could you tell me the name of this street?

쿠 쥬 텔 미 더 네임 업 디드 스트릿

03 사진찍기

사진 한 장 찍어 주실래요?

Would you take my picture, please?

우 쥬 테익 마이 픽춰 플리즈

그러죠. 그리고 제 것도 좀 부탁합니다.

With pleasure. And will you take one for me, too?

위드 플레져 앤 윌 유 테익 원 포 미 투

그러죠. 어디에 서시겠어요?

You said it. Where will you stand?

유 세드 잇 웨얼 윌 유 스텐드

댁의 사진 한 장 찍어도 괜찮겠습니까?

May I take a picture of you?

메 아이 테이 커 픽춰 어브 유

좋습니다. 원하신다면.

Okay. If you would like to.

오케이 이프 유 우드 라익 투

저희들 사진을 찍어 주시겠어요?

Would you mind taking a picture of us?

우 쥬 마인드 테이킹 어 픽춰 어브 어스

사진 한 장 같이 찍게 서 주시겠어요?

Would you please stand me for a picture?

우 쥬 플리스 스탠드 위드 미 포 러 픽춰

감사합니다. 하지만 저 때문에 사진이 잘못 나올까봐 걱정입니다.

Thank you. But I'm afraid I should botch it.

땡 규 벗 아임 어프레이드 아 슈드 보쉬 잇

이 빌딩 앞에서 사진 한 장 찍어 주실래요?

Would you take my picture in front of this building?

우 쥬 태익 마이 픽춰 인 프론트 어브 디스 빌딩

필름 한 통 주세요.

Please give me a roll of film.

플리즈 기브 미 어 롤 어브 필름

죄송합니다 지금 품절됐는데요.

I'm sorry. We're out stock right now.

아임 쏘리 위 아 아웃 어브 스탁 롸잇 나우

그래요? 이 근처 어디에 가면 살 수 있을까요?

Are you? Where can I buy some nearby, then?

아 유 웨얼 캔 아이 바이 썸 니어바이 덴

밑으로 두번째, 기념품 가게에 가 보세요.

Try the souvenir shop two doors down.

트라이 더 수버니어 샵 투 도어스 다운

이 필름 좀 카메라에 넣어 주시겠어요?

Could you load this film in my camera?

쿠 쥬 로드 디스 필름 인 마이 캐미러

감사합니다. 여기서 필름 현상도 해주나요?

Thank you. Can I have film developed here?

땡 큐 캔 아이 해브 필름 디벨롭트 히얼

당신 것을 빌려주시겠어요?

Would you lend me yours, please?

우 쥬 렌드 미 유얼즈 플리즈

여기서 사진 찍을까요?

May we take pictures here, please?

메이 위 테익 픽춰스 히얼 플리즈

그냥 셔터만 누르연 돼요.

Just push the shutter, please.

저스트 푸쉬 더 셔러 플리즈

준비됐어요, 찍으세요.

I'm ready, go ahead.

아임 레뒤 고우 어헤드

한 장 더 부탁드려요.

One more, please.

원 모어 플리즈

04 Sightseeing
박물관, 미술관

공원으로 가는 길을 알려주세요.

Can you show me the way to the park?

캔 유 쇼 미 더 웨이 투 더 파크

입장료가 얼마예요?

How much is the admission fee?

하우 미치 이즈 디 어디미션 피

한국에 대한 팜플렛이 있어요?

Do you have a pamphlet that introduces Korea?

두 유 해브 어 팜플렛 댓 인트로듀시스 코리아

여기에 그림엽서 있어요?

Do you have picture postcards?

두 유 해브 픽처 포스트카즈

안에서 사진 찍어도 되나요?

Can I take a picture inside?

캔 아이 테이 커 픽처 인사이드

박물관의 지도는 있습니까?

Do you have a museum map?

두 유 해브 어 뮤시엄 맵

화장실이 어디예요?

Where's the rest room?

웨얼즈 더 레스트 룸

실례합니다. 근처에 여성 화장실이 어디 있나요?

Excuse me. Where is the ladies' room around here?

익스큐스 미 웨어 이즈 더 레이디즈 룸 어라운드 히어

가방을 맡길 수 있나요?

Can you keep my bags for me?

캔 유 킵 마이 백스 퍼 미

이 그림은 누가 그렸나요?

Who painted this?

후 패인티드 디쓰

관내에 안내할 가이드가 있습니까?

Is there anyone who can guide me?

이즈 데어 애니원 후 캔 가이드 미

단체할인은 있나요?

Do you have a group discount?

두 유 해버 그룹 디스카운

출구는 어디입니까?

Where is the exit?

웨얼 이스 더 엑시트

미장원에서

염색해 주세요.

I'd like to have my hair colored.

아이드 라익 투 해브 마이 헤어 컬러드

헤어스타일 책이 있으면 보여 주세요.

Do you have a hair style book? Can I see it?

누 유 에브 어 헤어 스타일 북 갠 아이 씨 잇

이 사진처럼 내 머리 좀 잘라 주실 수 있어요?

Could you have my hair cut like one of this picture?

쿠 쥬 해브 마이 헤어 컷 라이크 원 오브 디스 픽쳐

요금은 얼마입니까?

How much is it?

하우 머치 이즈 잇

약간만 쳐주세요

Just a trim, please.

져스트 어 트림 플리즈

파마 해주세요.

I'd like to get my hair permed.

아이드 라익 투 겟 마이 헤어 펌드

06 Sightseeing
이발소에서

이 근처에 이발소가 있는지 말씀해 주시겠어요?

Could you tell me if there's a barber shop around here?

쿠 쥬 텔 미 이프 데얼스 어 바버 샵 어라운드 히얼

어떻게 해드릴까요?

What will it be?

왓 윌 잇 비

알아서 해주세요.

I'll leave it up to you.

아일 리브 잇 업 투 유

머리를 자르고 싶어요.

I'd like to get my hair cut, please.

아이드 라익 투 겟 마이 헤어 컷 플리즈

이발과 면도를 부탁합니다.

I would like to have my hair cut and get some shave.

아이 우드 라익 투 해브 마이 헤어 컷 앤드 겟 썸 쉐이브

팁까지 포함된 것입니까?

Does that include the tip?

더즈 뎃 인클루드 더 팁

164

Sightseeing
영화관, 공연장

이 극장에서는 무슨 영화를 상영 중입니까?

What movie is on at this theatre?

왓 무비 이즈 온 앳 디스 씨어털

상영시간이 어떻게 되죠?

When is the showtime?

웬 이즈 더 쇼타임

이 영화는 두 시간 상영입니다.

This movie runs for two hours.

디스 무비 런스 포 투 아우어스

입장료가 얼마입니까?

What is the admission to this?

왓 이즈 디 어드미션 투 디스

어른 한 사람에 얼마죠?

How much for an adult?

하우 머치 포 언 어덜트

아이들 표는 얼마죠?

How much is for a child?

하우 머치 이즈 포 어 차일드

좌석이 매진되었습니다.

The seats are all sold out.

더 씻스 아 올 솔드 아웃

좌석이 정해져 있는 겁니까?

Do you have reserved seats?

두 유 헤브 리절브 씻츠

그럼 다음 공연은 언제 있죠?

When is the next show, then?

웬 이스 더 넥스트 쇼 덴

이 자리 비어 있습니까?

Excuse me. Is this seat taken?

익스큐스 미 이스 디스 씻 데이큰

좌석 좀 바꿀 수 있겠습니까?

Would you mind trading seats with me?

우 쥬 마인드 트래이닝 씻츠 위드 미

언제 막이 오릅니까?

Wh, does the curtain go up?

웬 더즈 더 커튼 고 업

Sightseeing

스포츠 관람

어떤 팀이 이겼어요?

Which team won?

위치 팀 원

오늘 밤 그 경기가 텔레비전에 방영됩니까?

Is the game on TV tonight?

이즈 더 게임 온 티비 투나잇

입장료가 얼마예요?

How much is the admission fare?

하우 머치 이즈 디 어드미션 페어

지금 몇 회입니까?

What inning is this?

왓 이닝 이즈 디스

지금 표를 살 수 있나요?

Can I still get a ticket?

캔 아이 스틸 게 러 티켓

가장 싼 자리 한 장 주세요.

The cheapest one, please.

더 취피스트 원 플리즈

어떤 운동을 좋아하십니까?

What kind of sports do you like?

왓 카인드 어브 스포츠 두 유 라이크

야구를 제일 좋아합니다.

I like baseball best.

아이 라이크 베이스볼 베스트

오늘 시합이 있나요?

Is there any games today?

이즈 데어 애니 게임즈 투데이

죄송합니다. 매진입니다.

Sorry we're sold out.

쏘리 위아 솔드 아웃

골프를 치고싶어요.

I want to play golf.

아이 원 투 플레이 골프

스키를 빌리고 싶어요.

I'd like to rent a pair of skis.

아이드 라익 투 렌 터 페어 오브 스키스

07

쇼핑

Shopping

Shopping
쇼핑센터 찾기

백화점이 있습니까?

Is there a department store?

이즈 데어 러 디파트먼트 스토어

이 도시에서 가장 큰 백화점은 어디입니까?

Which is the biggest department store in this city?

위치 이즈 더 빅기스트 디파트먼트 스토어 인 디스 시티

이 곳에는 상점가가 어디쯤 있습니까?

Where is the shopping district around this town?

웨얼 이즈 더 샤핑 디스트릭트 어라운드 디스 타운

이 곳의 특산품은 무엇입니까?

What are some special products around this town?

왓 아 썸 스패셜 프러덕즈 어라운드 디스 타운

이 근처에 좋은 레코드 가게를 알고 있습니까?

Could you recommend a good record shop around here?

쿠 쥬 레커멘드 어 굿 레코드 샵 어라운드 히얼

면세품 상점이 있습니까?

Is there a tax-free shop?

이즈 데어 러 텍스프리 샵

Shopping
판매장에서

넥타이는 어디서 팝니까?

Where can I get ties?

웨얼 캔 아이 겟 타이즈

식료품은 지하에 있습니까?

Is the food stuff in the basement?

이즈 더 풋 스터프 인 더 베이스먼트

상품권은 어디서 살수 있어요?

Where can I get gift coupons?

웨얼 캔 아이 겟 기프트 쿠폰즈

실례합니다. 완구 매장 좀 알려주세요.

Excuse me. Can you direct me to the toy department, please?

익스큐즈 미 캔 유 다이렉트 미 투 더 토이 디파트먼트 플리즈

친구에게 줄 선물을 찾고 있습니다.

I'm looking for something nice for a friend.

아임 룩킹 포 썸씽 나이스 포 러 프랜드

저것을 보여주겠어요?

Can you show me that, please?

캔 유 쇼 미 뎃 플리즈

무엇을 도와드릴까요?

May I help you?

메이 아이 핼 퓨

이미 안내를 받고 있어요.

I'm being helped.

아임 빙 헬프드

괜찮습니다. 그냥 구경하는 중입니다.

No, thank you. I'm just looking.

노 땡큐 아임 저스트 룩킹

그렇게 하십시오. 천천히 구경하세요.

I hope you will. Take your time.

아이 홉 유 윌 테익 큐어 타임

윈도우에 있는 것을 보여주세요.

Please show me the one in the window.

플리즈 쇼 미 더 원 인 더 윈도우

모자 있습니까?

Have you got any hats?

해브 유 갓 애니 햇츠

좀 더 싼 것으로 보여주세요.

Could you show me a cheaper one?

쿠 쥬 쇼우 미 어 취퍼 원

03 Shopping
옷 가게에서

핸드백(옷) 하나 사려고 합니다.

I'd like to buy a handbag(dress).

아이드 라익 투 바이 어 핸드백(드레스)

이게 제게 잘 어울리겠어요.

This will suit me perfectly.

디스 윌 슈트 미 퍼펙틀리

제게 이것이 어울리겠어요?

Do you think this suits me?

두 유 씽크 디스 슈츠 미

이 디자인이 제게 어울립니까?

Will this design suit me?

윌 디스 디자인 슈트 미

이것이 가장 마음에 들어요.

I like this one best.

아이 라익 디스 원 베스트

입어봐도 되겠습니까?

May I try it on?

메 아이 트라이 잇 온

이 옷 좀 고칠 수 있습니까?

Do you do alterations?

두 유 두 언터레이션즈

옷감은 무엇입니까?

What is this made of?

왓 이즈 디스 메이드 어브

남성용 속옷은 어디 있어요?

Where is men's underwear?

웨얼 이즈 맨즈 언더웨어

패션

더 밝은 색을 보여주시겠어요?

Can you show me one in a lighter color?

캔 유 쇼 미 원 인 어 라이터 컬러

이것보다 더 작은 것은 없어요?

Don't you have this in a smaller size?

돈 츄 해브 디스 인 어 스몰러 싸이즈

탈의실이 어디죠?

Where is the fitting room?

웨얼 리즈 더 피팅 룸

면이었으면 좋겠어요.

I'd like something in cotton.

아이드 라익 썸씽 인 카튼

Shopping
신발 가게에서

이 스타일은 어떻습니까?

Do you like this style?

두 유 라익 디스 스타일

이 구두 신어봐도 됩니까?

Let me try this pair on, please?

렛 미 트라이 디스 페어 온 플리즈

저 구두가 얼마죠?

How much are those shoes?

하우 머치 아 도우즈 슈즈

그 구두 사이즈 7이 있나요?

Do you have it in size 7?

두 유 해브 잇 인 사이즈 쎄븐

상점 카탈로그를 통해 이 구두를 주문할 수 있어요?

Can I order these shoes through the store catalog?

캔 아이 오더 디즈 슈즈 뜨루 더 스토어 캐들록

좀 더 나은 것을 보여주세요.

Please show me a better one.

플리즈 쇼미 어 베러 원

이건 어떠세요?

How about this one?

하우 어바웃 디스 원

다른 색깔의 것도 있습니까?

Is it available in another color?

이즈 잇 어베일러블 인 어나더 컬러

이것과 같은 것이 있습니까?

Do you have the same kind as this one.

두 유 해브 더 세임 카인드 에즈 디스 원

오른쪽에서 두 번째 것이 예뻐보입니다.

The second one from the right looks lovely.

더 세컨드 원 프롬 더 라잇 룩스 러블리

나는 지난 달 이 구두 한 컬레를 맞췄습니다.

I had this pair of shoes made last month.

아이 햇 디스 페어 오브 슈즈 메이드 라스트 먼쓰

앞이 조금 조여요.

It's a bit tight in the front.

잇츠 비트 타이트 인 더 프론트

물건값을 깎을 때

이것은 너무 비싼 것 같군요.

This is too expensive.

디스 이즈 투 익스펜시브

이 정도로 하죠. 얼마죠?

That's all for now. How much do I owe you?

댓츠 올 포 나우 하우 머치 두 아이 오우 유

40달러 20센트입니다.

That'll be 40 dollars and 20 cents.

대딜 비 포티 달러스 앤 트웬티 센츠

좀 더 싸게 주실 수 없습니까?

Can't you make it a little cheaper?

캔 츄 매이 킷 어 리틀 치퍼

안 되겠는데요. 이미 할인해 드린 것들입니다.

Oh, no, sir. We already gave you a discount on each item.

오 노 써 위 언레디 게이브 유 어 디스가운트 온 이치 아이템

좋습니다. 10% 할인 해 드리겠습니다

OK, I'll give you another discount by ten percent.

오케이 아일 기브 유 어나더 디스카운트 바이 텐 퍼센트

Shopping
계산할 때

그럼, 이것으로 할게요.
Well, I'll take it.
웰 아일 테익 킷

전부 얼마입니까?
How much will it be altogether?
하우 머치 윌 잇 비 얼투게더

200달러입니다.
200 dollars, please.
투 헌드레드 달러스 플리즈

여행자 수표도 받습니까?
Do you accept traveler's check?
두 유 억셉트 트래블러스 책

네, 받습니다. 신분증을 가지고 계신가요?
Yes, we do. Do you have any identification?
예스 위 두 두 유 해브 애니 아이덴티피케이션

네, 여권을 가지고 있습니다.
Yes, I have my passport.
예스 아이 해브 마이 패스포트

현금입니까, 카드입니까?

Cash or charge?

캐시 오어 차지

카드로 하겠습니다.

Charge, please.

차지 플리즈

할인 좀 해줄 수 없나요?

Could you discount for me?

쿠 쥬 디쓰카운트 포 미

필름 한 통 주세요.

Please give me a roll of film.

플리즈 기브 미 어 롤 어브 필름

좀 더 싸게 해주세요. 그러면 살게요.

Please give me a discount, then, I will buy it.

플리즈 깁 미 어 디스카운트 덴 아이 윌 바이 잇

거스름돈이 틀리네요.

You gave me the wrong change.

유 게입 미 더 롱 췌인지

이건 아까 계산했어요.

I have paid already this.

아이 햅 페이드 얼레이디 디스

Shopping
교환과 환불

이것을 바꿔 주시겠어요?

Can I exchange this?

캔 아이 익스체인지 디스

이것을 반품할 수 있습니까?

Could I have a refund on this?

쿳 아이 해브 어 리펀드 온 디스

이건 너무 작습니다.(큽니다)

This is too small.(large)

디스 이즈 투 스몰(라지)

다른 것을 보여주세요.

Show me another one, please.

쇼 미 어나덜 원 플리즈

이것을 환불해 주실 수 있습니까?

Can I get a refund on this?

캔 아이 계 러 리펀드 온 디스

여기에 얼룩이 있어요.

I found a stain here.

아이 파인더 스테인 히얼

08

기타 장소

Post Offices / Bank / Hospitals

01 Post Offices
우체국에서

우체국을 찾고 있어요.

I'm looking for a post office.

아임 룩킹 포 러 포스트 아피스

한국까지 항공편 우표 3장을 부탁합니다.

Could I have three airmail stamps to Korea, please?

쿳 아이 해브 뜨리 에어메일 스템프스 투 코리아 플리즈

우표는 어디서 삽니까?

Excuse me, can you tell me where I can get stamps?

익스큐즈 미 캔 유 텔 미 웨얼 아이 캔 겟 스템프스

봉투는 어디서 살 수 있습니까?

Where can I buy envelopes?

웨얼 캔 아이 바이 엔벌로옵스

이 편지를 한국으로 보내는데 얼마 듭니까?

How much will it cost to send this letter to Korea?

하우 머치 윌 잇 코스트 투 센드 디스 레터 투 코리아

기념우표 5장 주세요.

I'd like five commemorative stamps, please.

아이드 라익 파이브 커메머레이티브 스템프스 플리즈

이 소포를 비행기 편으로 부치고 싶습니다.

I'd like to send this package by airmail.

아이드 라익 투 센드 디스 패키쥐 바이 에어메일

어떤 방법(수단)으로 보내드릴까요?

How do you want to send it?

하우 두 유 원 투 센드 잇

항공편입니까, 선박편입니까?

By airmail or surface mail?

바이 에어메일 오알 써피스 메일

한국까지 며칠이면 도착합니까?

How long will it take to reach Korea?

하우 롱 윌 잇 테익 투 리취 코리아

소포의 내용물을 써 주세요.

You must state the contents of the package.

유 머스트 스테이트 더 컨텐츠 오브 더 팩키쥐

소포를 보험에 드시겠습니까?

Would you like to insure the parcel?

우 쥬 라익 투 인슈어 더 파설

이 엽서를 속달로 보내고 싶습니다.

I want to send this postal card by special delivery.

아이 원 투 센드 디스 포스탈 카드 바이 스페셜 딜리버리

우체국에서

더 빠른 방법으로 보내고 싶습니다.

I'd like to send it in a quicker way.

아이드 라익 투 센드 잇 인 어 퀴커 웨이

이 짐을 한국에 보내고 싶습니다.

I'd like to send this package to Korea.

아이드 라익 투 센드 디스 패키쥐 투 코리아

항공편으로 해주시고 15달러의 보험에 들어주세요.

Make it by air, and insure it for $15.00.

메이 킷 바이 에어 앤 인슈어 잇 포 핍틴 달러스

여기서 소포용 박스 파나요?

Do you sell boxes here?

두 유 쌤 박시즈 히얼

한국으로 전보를 치고 싶습니다.

You must state the contents of the package.

유 머스트 스테이트 더 컨텐츠 오브 더 팩키쥐

우체통은 어디 있나요?

Where is the mailbox?

웨어 리즈 더 메일박스?

Banks
은행에서

오늘 환율은 얼마죠?

What's the exchange rate today?

왓 츠 더 익스체인지 레이트 투데이

전 여행자 수표를 원화로 바꾸고 싶어요.

I'd like to change a traveler's check into Korean currency.

아이드 라이 투 채인지 어 트래블러스 체그 인투 코리언 커런씨

현금 자동지급기는 어디 있죠?

Where could I find ATM?

웨얼 쿠드 아이 파인드 에이티엠

얼마를 입금시키시겠습니까?

How much do you want to deposit?

하우 머치 두 유 원 투 디파짓

이 수표를 현금으로 바꾸어 주세요.

Could I cash this check, please?

쿳 아이 캐쉬 디스 책 플리즈

돈을 어떻게 (바꿔)드릴까요?

How do you want it?

하우 두 유 원 잇

송금을 좀 하고 싶은데요.

I would like to transfer some money.

아이 우즈 라익 투 트랜스퍼 썸 머니

한국으로부터의 송금을 기다리고 있습니다.

I am expecting a transfer of money from Korea.

아이 엠 익스펙팅 어 트랜스퍼 어브 머니 프롬 코리아

송금 수수료는 얼마입니까?

What's the remittance charge?

왓츠 더 리미넨스 차지

은행 마감 시간이 지났습니다.

The bank is closed.

더 뱅크 이즈 클로즈드

은행에 관련된 용어

은행환어음	bank draft	(뱅크 드래프트)
지불 가능한. 미지불의	payable	(페이어블)
~에 기입하다.	fill out	(필 아웃)
구입하다.	purchase	(퍼춰스)

Hospitals
병원에서

어디가 아프세요?

Where does it hurt?

웨얼 더짓 허트

여기가 아파요

I have a pain here.

아이 해브 어 패인 히얼

아침보다는 조금 나아졌어요.

I feel a little better than in the morning.

아이 필 어 리틀 베러 댄 인 더 모닝

검사를 해 봐야겠네요.

Let me run some tests.

렛 미 런 썸 테스츠

식욕은 어떠신가요?

How is your appetite?

하우 이스 유어 애핏타이트

식사 후 바로 토해요.

Every meal gets me to throw up.

에브리 밀 겟스 미 투 쓰로우 업

열도 있으신가요?

Have you had any fever?

해브 유 해드 애니 피버

아니오, 하지만 속이 거북해요.

No, but I feel something wrong with my inside.

노우 벋 아이 필 썸씽 롱 위드 마이 인사이드

아주 어지러움을 느낍니다.

I feel very dizzy.

아이 필 베리 디지

저는 설사가 심하게 납니다.

I have a bad diarrhea.

아이 해브 어 배드 다이어리어

배가 아파요.

I have a stomachache.

아이 해브 어 스터머케이크

발목이 삐었습니다.

I had my ankle sprained.

아이 해드 마이 앵클 스프레인드

아침에 열이 많이 났어요.

I had a high fever this morning.

아이 해드 어 하이 피버 디스 모닝

저를 병원으로 좀 데려다주세요.

Please take me to a hospital.

플리즈 테익 미 투 어 하스피털

좋아요. 감사합니다.

Fine, thanks.

파인 땡스

좋은 하루 되세요!

Have a good day!

해브 어 굿 데이

신체에 관련된 용어		
몸	body	(바디)
머리	head	(헤드)
코 / 입	nose / mouth	(노우즈 / 마우스)
귀 / 목	ear / throat	(이어 / 쓰로우트)
손 / 팔	hand / arm	(핸드 / 아암)
발 / 다리	foot / leg	(풋 / 레그)
가슴	chest	(체스트)
등 / 허리	back / waist	(백 / 웨이스트)
심장 / 간장	heart / liver	(허-트 / 리버)

MEMO

찾아보기

09

여행SOS

01 응급상황

해외 여행을 할 때 사고나 돌발사태가 있을 수 있다. 그럴 때에는 침착하게 가까운 경찰서, 대사관을 찾아가 도움을 청한다.

만약 도움을 받아야 할 일이 생기면 미국은 911, 영국은 999, 독일은 112, 프랑스는 17번으로 전화를 한다.

01 분실사고

여행자들이 모이는 지역이나 대도시에는 언제나 사고의 위험이 도사리고 있다. 특히 물가가 싸서 여행자들이 많이 찾는 동남아 국가들이나 인도, 동유럽, 터키, 이집트 등은 처음 도착하는 순간부터 긴장을 늦추지 말아야 한다. 이들 지역에서는 가능하면 빨리 공항이나 기차역을 빠져나가는게 좋다.

카메라 같은 물건은 여행자 보험을 통해 소액이라도 보상을 받을 수 있지만 현금은 도난당하면 한 푼도 보상받을 수 없으니 특히 주의해야 한다. 현금이나 귀중품은 언제나 안주머니 속에 넣어 보관하고 숙소에서는 소지품 관리를 철저히 하며 화장실에 갈 때도 절대 방심해서는 안된다.

※ 여권 분실

여행 중 여권 분실은 가장 심각한 사고로 여행 중 빈도가 가장 높게 발생한다. 분실된 자신의 여권이 불법적으로 사용될 수도 있고, 국제 미아가 될 수도 있다. 분실에 대비 여권번호를 기억하거나 수첩 가방 등 분실 위험이 적은 곳에 적어 둔다. 가급적 여권은 호텔에 보관하고 다른 증명서를 지참한다. 여권을 분실했을 때는 먼저 분실 지역 경찰서를 찾아가 분실 확인증명서를 발급 받는다. 우리 나라 대사관이나 총영사관을 찾아가 여권 분실 신고를 한다. 대사관이나 총영사관에서 임시 여행증명서(Travel Certificalion)을 받는다.

※ 소지품 분실

해외여행 중 시간 가비 등 소지품 분실은 대부분 자신의 부주의에 의해 생긴다. 분실을 방지하기 위하여 현금을 많이 지참하지 않도록 하고 부득이하게 현금을 많이 지참했을 때는 호텔의 안전금고 (Safety Box)에 보관한다. 관광 여행시에는 지갑 등 소지품은 허리띠 가방(Belt Sack)에 넣고 다닌다. 공항, 기차역, 호텔로비, 관광지 등은 사고 다발 지역이므로 항상 경계해야 한다,

※ 항공권 분실

항공권을 분실하였다면 발급 항공사의 지점이나 영업소를 찾아가 재발급 신청을 한다. 발권 항공사의 지점(영업소)이 없을 때는 탑승 항공사의 지점을 찾는다.

항공권 분실에 대비 발급 일자, 항공권 번호 등을 적어 둔다.

경우에 따라 재발급시 2~3일. 만약 주일이나 휴일이 겹칠 경우 1주일 가량 소요되기도 한다. 출발 일시가 급한 여행자는 새로 티켓을

구입하고 분실로 사용하지 않은 항공권은 귀국 후 환불받는 방법을 택한다.

※ 여행자 수표와 신용카드의 분실

사인이 되어 있지 않은 여행자 수표(Traveler's Check)나 신용카드(Credil Cardd)는 습득자가 사용할 수 있다.

고액 수표를 갖고 나가거나 불필요하게 많은 카드를 지참하면 분실의 위험 부담이 크다.

미리 여행자 수표 발급 신청서 사본을 지참한다. 고액 대신 소액권을 발급받는다. 은행창구에서 수령 즉시 소지자란(Holder's)에 여권 사인과 같은 사인을 한다.

카드는 전세계적으로 통용되는 카드 한 두 개만 소지한다. 사고에 대비 수표 번호나 카드 참고 사항을 적어 호텔에 남겨둔다. 분실 시 먼저 국내 카드 발급사에 분실 신고를 하는 것이 가장 빠른 조치다. 다음 현지 카드 가맹은행에 분실 신고를 한다.

02 해외 범죄

세계 각국에서 한국인 여행자들을 대상으로 한 범죄가 늘고 있어 각별한 주의가 요망된다. 한국인 여행자가 해외에서 가장 많이 당하는 범죄는 재산 피해들인데 대부분 1인 또는 2~3인 등에 의해 조직적, 계획적으로 저질러지는 범죄들이다.

※ 주요 범죄 유형

- 바꿔치기(가방류 등을 대상)
- 소매치기(지갑, 여권을 대상)
- 낚아채기(카메라, 핸드백 등을 대상)
- 속여 가로채기(일명 네다바이 사기)
- 강도(금전, 경우에 따라 상해를 입히거나 목숨을 대상으로도 함)
- 테러(특정국에서는 정치, 보상금을 목적으로 함)

※ 각국별 주요의 범죄 유형

- 볼거리가 있는 장소로 안내하겠다며 바가지를 씌운다.
    - ★ 주요발생 지역 : 태국, 방콕
- 사진을 찍어주겠다며 접근 카메라를 들고 도망가는 수법
    - ★ 주요발생지역 : 이탈리아, 로마, 밀라노, 나폴리, 미국, 하와이
- 여성이 접근하여 호텔로 유인, 지갑털이를 하는 미인계 수법
    - ★ 주요발생지역 : 유럽 도시, 동남아 도시, 미국 뉴욕
- 동성연애자들의 접근
    - ★ 주요발생지역 : 미국, 유럽 도시의 공원, 극장

SOS

여행 SOS(비상연락망)

03 교통사고

사고가 나면 우선 경찰에 신고하고 경찰조사가 공정하지 않다면 한국 대사관이나 영사관에 연락해 도움을 받는다.

자동차를 렌트할 경우 이런 사고에 대비하여 반드시 보험을 들어야 하며, 사고 발생시 렌터카 회사에 전화해 상황을 알려야 힌다. 만약 택시를 타다 교통사고를 당했다면 택시번호와 택시기사의 이름 및 전화번호 등을 확보해 놓는 것이 좋다.

04 해외 주재 한국 대사관

외교부는 외국을 여행하는 국민의 안전을 위해 여행경보, 위기상황별 대처 매뉴얼, 재외공관 연락처 등 각종 정보를 제공하는 애플리케이션 서비스와 메신저 상담 서비스를 제공하고 있다.

+애플리케이션

앱스토어(애플), 플레이스토어(안드로이드) : 해외안전여행 국민외교(MOFA)를 다운 받아 설치

대한민국 외교부(Ministry of Foreign Affairs)는 대한민국의 행정기관이다.

해외안전여행 국민외교
MOFA

3.7 ★
리뷰 173개 ⓘ

10만회 이상
다운로드

③
3세 이상 ⓘ

설치

SOS

여행 SOS(비상연락망)

+영사콜센터

카카오톡 상담 서비스 : 카카오 채널에서 '영사콜센터' 채널 검색 후 친구추가〉채팅하기 선택하여 상담.

위챗 상담 서비스 : 중국 등에서 많이 사용하는 위챗을 통해 상담 서비스 제공.
위챗 검색창에서 미니 프로그램 클릭 후 'KoreaMofa1' 검색〉영사콜센터 미니 프로그램 선택하여 상담.

라인 상담 서비스 : 일본, 태국, 대만 등 아시아 지역에서 널리 사용되는 라인 메신저를 통해 상담 서비스 제공.
라인 채널에서 '영사콜센터' 공식계정 검색 친구추가〉대화 선택하여 상담.

*재외공관 연락처 검색
+인터넷
외교부 재외공관 정보

https://www.mofa.go.kr/www/pgm/m_4179/uss/emblgbd/emblgbdAdres.do

+모바일
외교부〉대한민국 재외공관〉190 재외공관 누리집

MEMO

MEMO

응급사고 관련 단어

경찰서	police station	폴리스 스테이션
경찰	police	폴리스
파출소	police box	폴리스 박스
여권	passport	패스포트
지갑	wallet / purse	왈릿 / 퍼얼-스
현금	cash	캐쉬
귀금속	jewelry	쥬얼리
분실 증명서	theft report	세후드 리포트
발행 증명서	record of checks	레코드 옵 첵스
재발행하다	reissue	리이슈
병원	hospital	하스피털
의사	doctor	닥터
입원	admission to a hospital	어드미션 투 어 하스피털
체온	temperature	템페러취
열	fever	퓌버
혈압	blood pressure	블러드 프레셔
약국	drugstore	드락스토어
처방전	prescription	프리스크립션
붕대	bandage	밴디쥐
감기약	cold medicine	콜드 메디씬
탈지면	absorbent cotton	업서번트 카튼
반창고	Band aid	밴드 에이드
진통제	pain-killer	아이오딘
해열제	antipyretic	앤티파이레틱

Emergency
응급상황

SOS

여행자 수표를 잃어버렸어요.

I lost my travelers' checks.

아이 로스트 트래블러즈 첵스

재발행이 가능합니까?

Can I have them reissued?

캔 아이 해브 뎀 리이슈드

버스(택시)에 가방을 놓고 내렸어요.

I left my bag in the bus(taxi).

아이 레프트 마이 백 인 더 버스(택시)

한국어를 할 수 있는 사람이 있나요?

Can I talk to someone who speaks Korean?

캔 아이 톡 투 썸원 후 스픽스 코리언

한국대사관에 연락 좀 해주세요.

Please call the Korean Embassy.

플리즈 콜 더 코리안 엠버시

분실물 신고 센터가 어디입니까?

Where Is the lost and found office?

웨일 이즈 더 로스트 앤 파운드 오피스

이 전화번호로 연락해 주세요.

Please, contact me by this phone number.

폴리즈 컨택 미 바이 디스 폰 넘버

여권을 잃어버렸어요.

I lost my passport.

아이 로스트 마이 패스포-트

어디서 재발행 받을 수 있나요?

Where can I have it reissued?

웨얼 캔 아이 해브 잇 리이슈드

오늘 재발행 됩니까?

Can you reissue it today?

캔 유 리이슈드 잇 투데이

경찰서에 연락해 주세요.

Get me the police.

겟 미 더 폴리스

911로 전화해 주세요.

Call 911.

콜 나인원원

경찰을 불러주세요.

Call the police, please.

콜 더 폴리스 플리즈

SOS

응급합니다.

This is an emergency.

디스 이즈 언 이머젼씨

여보세요. 경찰서인가요?

Hello. Is this the police station?

헬로- 이즈 디스 더 폴리스 스테이션

자동차 사고를 신고합니다.

I want to report a car accident.

아이 원투 리포트 어 카 엑시던트

강도를 당했습니다.

I've been robbed.

아이브 빈 랍드

제 지갑을 소매치기 당했어요.

I had my pocket of a wallet picked.

아이 해드 마이 파킷 오브 어 왈릿 픽트

앰뷸런스를 불러주세요.

We need an ambulance.

위 니드 언 엠블런스

부상자가 있습니다.

We have an injured person out here.

위 헤브 언 인저드 퍼슨 아웃 히얼

SOS

도둑이야!

Thief!

씨-프

도와주세요!

Help me!

핼프 미

불이야!

Fire!

파이어

그놈 잡아라!

Get him!

겟 힘

신용카드를 중지시켜주세요.

Cancel my credit card, please.

캔슬 마이 크레딧 카드 플리즈

한국어 아는 분을 부탁해요.

Please talk to someone speaks Korean.

플리즈 톡 투 썸원 스픽스 코리안

제 아이가 없어졌어요.

My child is missing.

마이 차일드 이즈 미씽

SOS

10

부록

기수

00	Zero (지로)
01	One (원)
02	Two (투)
03	Three (뜨리)
04	Four (포)
05	Five (파이브)
06	Six (씩스)
07	Seven (세븐)
08	Eight (에잇)
09	Nine (나인)
10	Ten (텐)
11	Eleven (일레븐)
12	Twelve (트웰븐)
13	Thirteen (써틴)
14	Fourteen (포틴)
15	Fifteen (핍틴)
16	Sixteen (씩스틴)
17	Seventeen (세븐틴)
18	Eighteen (에잇틴)
19	Nineteen (나인틴)
20	Twenty (투웬티)

기수

21	Twenty – one (투웬티 원)
22	Twenty – two (투웬티 투)
23	Twenty – three (투웬티 뜨리)
24	Twenty – four (투웬티 포)
25	Twenty – five (투웬티 파이브)
26	Twenty – six (투웬티 씩스)
27	Twenty – seven (투웬티 세븐)
28	Twenty – eight (투웬티 에잇)
29	Twenty – nine (투웬티 나인)
30	Thirty (썰티)
40	Forty (포티)
50	Fifty (핍티)
60	Sixty (씩스티)
70	Seventy (세븐티)
80	Eighty (에잇티)
90	Ninety (나인티)
100	Hundred (헌드레드)
1000	Thousand (따우전)
1백만	One million (원 밀리언)
1천만	Ten million (텐 밀리언)

분수, 소수

1/2	이분의 일 one(a) half (원 하프)
1/3	삼분의 일 one(a) third (원 써드)
2/3	삼분의 이 two thirds (투 써즈)
1/4	사분의 일 one(a) fourth (원 폴쓰)
1/10	십분의 일 one(a) tenth (원 텐쓰)

0.1	zero point one (지로 포인트 원)
0.2	zero point two (지로 포인트 투)
0.5	zero point five (지로 포인트 파이브)
1.1	one point one (원 포인트 원)
1.7	one point seven (원 포인트 세븐)
6.24	six point two four (씩스 포인트 투 포)

2배	double / twice (더블 / 트와이스)
3배	triple (트리플)
4배	four times (포 타임즈)

한 번	once (원스)
두 번	twice (트와이스)
세 번	three times (뜨리 타임즈)
네 번	four times (포 타임즈)

시간, 연도, 전화번호, 방번호

1시간	one hour (원 아워)
2시간	two hours (투 아월즈)
3시간	three hours (뜨리 아월즈)
반시간	half an hour (하프 언 아워)
30분	thirty minutes (떨티 미닛츠)
10분	ten minutes (텐 미닛츠)
5분	five minutes (파이브 미닛츠)
30초	thirty seconds (떨티 세컨즈)
5초	five seconds (파이브 세컨즈)

연도

1998년	nineteen ninety-eight (나인틴 나인티 에잇)
2001년	two thousand-one (투 따우전 원)

전화번호

02-484-5347 (지로투포에잇포- 파이브뜨리포세븐)

방번호

룸 넘버 572 (룸 파이브세븐투)

부록

월, 요일, 계절

1월	January (제뉴어리)
2월	February (페브러리)
3월	March (마치)
4월	April (에이프릴)
5월	May (메이)
6월	June (준)
7월	July (줄라이)
8월	August (오거스트)
9월	September (셉템버)
10월	October (악토버)
11월	November (노벰버)
12월	December (디셈버)
일요일	Sunday (썬데이)
월요일	Monday (몬데이)
화요일	Tuesday (튜스데이)
수요일	Wednesday (웬즈데이)
목요일	Thursday (떨즈데이)
금요일	Friday (프라이데이)
토요일	Saturday (세러데이)
봄	Spring (스프링)
여름	Summer (썸머)
가을	Fall / Autumn (폴/오톰)
겨울	Winter (윈터)

시간을 나타내는 말

주말	weekend (위크엔드)
지난주	last week (라스트 윅)
이번 주	this week (디스 윅)
다음 주	next week (넥스트 윅)
2주 후	in two weeks (인 투 윅스)
지난달	last month (라스트 먼쓰)
이달	this month (디스 먼쓰)
다음 달	next month (넥스트 먼쓰)
두달 후	in two months (인 투 먼쓰)
아침	morning (모닝)
오늘 아침	this morning (디스 모닝)
오전에	In the morning (인 더 모닝)
점심	noon (눈)
오후	afternoon (에프터눈)
저녁	evening (이브닝)
밤	night (나잇)
오늘 밤	tonight (투나잇)
그저께	the day before yesterday (더 데이 비포 예스터데이)
어제	yesterday (예스터데이)
오늘	today (투데이)
내일	tomorrow (투모로우)
모래	the day after tomorrow (더 데이 애프터 투모로우)
지금	now (나우)

반대말

비싼	Expensive (익스펜시브)	**싼**	Inexpensive (인익스펜시브)
두터운	Thick (씩)	**얇은**	Thin (씬)
좋은	Good (굿)	**나쁜**	Bad (배드)
큰	Big, Large (빅)	**작은**	Small (스몰)
좁은	Narrow (내로우)	**넓은**	Wide (와이드)
높은	High (하이)	**낮은**	Low (로우)
(키)큰	Tall (톨)	**(키)작은**	Short (숏)
긴	Long (롱)	**짧은**	Short (숏)
기쁜	Happy (해피)	**슬픈**	Sad (새드)
빠른	Fast (패스트)	**느린**	Slow (슬로우)
(시간)이른	Early (얼리)	**(시간)늦은**	Late (레잇트)
바른	Right (롸잇)	**틀린**	Wrong (렁)
편리한	Convenient (컨비니언트)	**불편한**	Inconvenient (인컨비니언트)
조용한	Quiet (콰이엇트)	**시끄러운**	Noisy (노이즈)
한가한	Free (프리)	**바쁜**	Busy (비지)
간단한	Easy (이지)	**어려운**	Difficult (디피컬트)
새로운	New (뉴)	**오래된**	Old (올드)
단단한	Hard (하드)	**부드러운**	Soft (소프트)
뚱뚱한	Fat (팻)	**마른**	Thin (씬)
헐거운	Loose (루우즈)	**끼는**	Tight (타이트)
깊은	Deep (딥)	**얕은**	Shallow (쉘로우)
무거운	Heavy (헤비)	**가벼운**	Light (라이트)
뜨거운	Hot (핫)	**차가운**	Cold (콜드)

반대말

따뜻한	Expensive (익스팬시브)	**차가운**	Cold (코올드)
어린	Thick (씩)	**늙은**	Old(올드)
젖은	Good (굿)	**마른**	Dry (드라이)
쾌적한	Big, Large (빅)	**불쾌한**	Uncomfortable(언컴포터블)
밝은	Narrow (내로우)	**어두운**	Dark(닥크)
충분한	High (하이)	**불충분한**	be not enough(비 낫 이너프)
(수)많은	Tall (톨)	**(수)적은**	a few (어 퓨)
(양)많은	Long (롱)	**(양)적은**	a little (어 리틀)
위의	Happy (해피)	**아래의**	Lower (로워)
진짜	Fast (패스트)	**가짜**	Fake (페이크)
깨끗한	Early (얼리)	**더러운**	Dirty (더티)
정기적인	Right (롸잇)	**부정기적인**	Irregular (이레귤러)
보통의	Convenient (컨비니언트)	**독특한**	Unique (유니크)
둥근	Quiet (콰이엇트)	**네모진**	Square (스퀘어)
빈번한	Free (프리)	**드문**	Occasional (어케이지널)
강한	Easy (이지)	**약한**	Weak (위크)
먼	New (뉴)	**가까운**	Near (니어)
부드러운	Hard (하드)	**거친**	Rough (러프)
가득찬	Loose (루우즈)	**비어있는**	Empty (엠티)

부록

가게	shop	샵
가격	price	프라이스
가구	furniture	퍼니춰
가까운	near	니어
가능성	possibility	파써빌러리
가다	go	고우
가루	powder	파우더
가르치다	teach / tell	치이치 / 텔
가방	bag	백
가벼운	light	라이트
가수	singer	씽어
가스	gas	개쓰
가슴	chest / breast	췌스트 / 브레스트
가을	fall / autumn	폴 / 오텀
가져오다	bring	브링
가족	family	패밀리
간식	snack	스낵
간호사	nurse	널쓰
갈색	brown	브라운
갈아타다	transfer	트랜스퍼
감기	cold	콜드
감사하다	thank	쌔앵크
감자	potato	포테이토

부록

값비싼	expensive	익스펜시브
값싼	cheap	칩
강	river	리버
강도	burglary	버글러리
갚다	pay back	페이 백
개	dog	도그
개인	individual	인디비쥬얼
개인용품	personal goods	퍼스널 굳츠
개찰구	gate	게이트
거리(길)	street	스트리트
거리 요금제	mileage system	마일즈 씨스텀
거스름돈	change	체인쥐
거절하다	reject	뤼젝트
거짓말	lie	라이
건강	health	헬쓰
건널목	crossing	크롸씽
건전지	battery	배애러뤼
건조한	dry	드라이
걷다	walk	워어크
검사	inspection	인스펙션
검은	black	블랙
게	crab	크랍
게시판	bulletin board	뷸른트 보오드

겨울	winter	윈터
견본	sample	쌤펄
견인차	tow truck	토우 트럭
결심하다	decide	디싸이드
결정	decision	디씨전
경고	warning	워닝
경기장	stadium	스패이디엄
경마	horse racing	홀스뤠잇씽
경영	management	메니지먼트
경제	economic	이카너미
경주	race	레이스
경찰	police	폴릿스
경치	view / scenery	비유 / 씨너뤼
경험하다	experience	익스삐뤼언쓰
계단	stairs	스때얼스
계좌	accounl(number)	어카운트(넘버)
계란 프라이	fried egg	프라이드 에그
계산 / 계산서	payment / check	페이먼트 / 첵
계속하다	continue	컨티뉴
계약	contract	칸츄렉트
계절	season	씨이전
계획	plan	플래앤
고급	higher class	하이어 클랫쓰

고구마	sweet potato	스위트 포테이토
고기	meat	미이트
고려하다	consider	칸씨더
고민	anxiety	앵자이어디
고소공포증	acrophobia	애크뤄포우비아
고속도로	highway	하이웨이
고속버스	express bus	익쓰프뤠쓰버스
고양이	cat	캐애트
고열	high fever	하이피버
고장나다	do not work	ㅜ 낫 워그
고추장	hot pepper	한페퍼 페이스트
고추가루	red pepper	러드 페퍼
고향	hometown	호움타운
고혈압	high blood pressure	하이블러드프뤠젤
곤충	insect / bug	인섹트 / 버그
골동품	antique	앤티익
골절	broken bone	브로컨 본
골프	golf	고울프
공중의 / 공공의	public	퍼블릭
공부하다	study	스터디
공사 중	under construction	언더 칸스프렉션
공식적인	formal	포멀
공손한	polite	폴라이트

고구마	sweet potato	스위트 포테이토
고기	meat	미이트
고려하다	consider	칸씨더
고민	anxiety	앵자이어디
고소공포증	acrophobia	애크뤄포우비아
고속도로	highway	하이웨이
고속버스	express bus	익쓰프뤠쓰버스
고양이	cat	캐애트
고열	high fever	하이피버
고장나다	do not work	두 낫 워크
고추장	hot pepper	한페퍼 페이스트
고추가루	red pepper	러드 페퍼
고향	hometown	호움타운
고혈압	high blood pressure	하이블러드프뤠젤
곤충	insect / bug	인섹트 / 버그
골동품	antique	앤티익
골절	broken bone	브로컨 본
골프	golf	고울프
공중의 / 공공의	public	퍼블릭
공부하다	study	스터디
공사중	under construction	언더 칸스뜨렉션
공식적인	formal	포멀
공손한	polite	폴라이트

공업	engineering	엔쥐니어링
공연	performance	퍼포먼쓰
공원	park	파아크
공장	factory	팩토리
공중전화	pay phone	패이 폰
공중 화장실	public toilet	퍼블릭 토일렛
공항	airport	에어포트
공항행 버스	airport bus	에어포트 버스
과일	fruit	프루우트
과비용받다	overcharge	오버촤쥐
관광	sightseeing	사잇씨잉
관광객	tourist	트워리스트
관광버스	sightseeing bus	싸이씨잉 버스
관광지	tourist attraction	트워리스트 어트랙션
관리인	manager	매니줘
관세	customs	커스텀
관심	interest	인터레스트
광장	square	스퀘어
괴롭히다	bother	바더
교외에	suburbs	써벌브
교차로	intersection	인터쎅션
교통사고	traffic accident	츄렉픽 액씨던트
교통신호	traffic lights	츄렉픽 라이트

교통체증	traffic jam	츄래픽 잼
교환원	perator	아퍼뤠이터
교환하다	exchange	엑스췌이지
교회	church	처어취
구급차	ambulance	앰블런쓰
구두	shoes	슈우
구름	cloud	클라우드
구명조끼	life jacket	라이프 자켓
구석	comer	코너
구역	district	디스뜨렉
구운	baked	베이크드
구입하다	buy / purchase	바이 / 퍼췻쓰
구토	vomiting	바미팅
구하다	save	세이브
국경일	national holiday	네셔널 헐러데이
국기	national flag	네셔널 플랙
국내선	domestic service	더매스틱 써비스
국도	national road	네셔널 로오드
국립의	national	네셔널
국적	nationality	네셔널러티
국제선	international service	인터네셔널 써비스
국제연합	United Nations	유나이티드 네이션
국제전화	international call	인터네셔널 콜

국제항	national port	네셔널 포트
굽다	bake	베이크
궤양	ulcer	얼써
귀	ear	이어
귀걸이	earings	이어링스
귀국하다	go home	고우 홈
귀여운	cute	큐트
귀중품	valuables	밸류어벌
귀찮은	troublesome	츄뤄벌썸
규?	scale	스케일
규칙	rule	뤄올
그 / 그녀 / 그것	he / she / it	히 / 쉬 / 잇
그늘	shade	쉐이드
그들	they	데이
그리워하다	miss	미쓰
그림	picture / painting	픽쳐 / 페인팅
그림엽서	picture postcard	픽쳐 포스트카드
그림자	shadow	샤도우
그밖의	other	아더
극장	theater	씨어터
근육	muscle	멋썰
금 / 순금	gold / pure gold	고울드 / 퓨어 고울드
금연구역	non-smoking seat	노우 스모킹 씨잇

금지된	prohibited	프로우히비티드
급행열차	express train	익쓰프레쓰 츄레인
긍정적	positive	파즈티브
기간	term / period	터엄 / 피뤼언
기계	machine	머쉬인
기관지염	bronchitis	브랑카이툿쓰
기내반입 휴대품	carry-on baggage	캐뤼아안 배귀쥐
기념비	monument	마뉴먼트
기념일	anniversary	애느벌써뤼
기념품 가게	souvenir shop	쓰브뉘어샵
기다리다	wait	웨이트
기대하다	expect	익쓰팩트
기독교신자	Christian	크리스찬
기름	oil	오일
기부하다	donate	도우네이트
기쁘다	happy	해피
기숙사	dormitory	돌미터뤼
기술	technique	텍크니러쥐
기억하다	remember	뤼멤버
기업	enterprise	엔터프라이즈
기온	temperature	템퍼뤄춰
기입하다	fillout	필라우트
기저귀	diaper	다이퍼

기침	cough	카아프
기타(악기)	guitar	기타아
기혼의	married	메뤼드
기회	opportunt / chance	아펄츄니티 / 췐쓰
기후	climate	클라이미트
긴	long	렁
긴급	Urgent	어쿼트
깊은	deep	디잎
깡통따개	can opener	캔 오우프너
깨다	break	브뤠이크
껌	chewing gum	츄잉 껌
꽃	flower	플라워
꿈	dream	듀림
끄다	turn off	턴 어프
끔찍한	terrible	테러블
끝내다	end / finish	엔드 / 피니쉬

나라	country / nation	컨추리 / 내이션
나무	tree	츄리
나쁜	bad	베드
나이든 / 오래된	old	올드
나침판	compass	컴패쓰
낚시	fishing	핏슁

225

난방	heating	히이링
날씨	date	데이트
남자	man	맨
남쪽	sourth	싸우쓰
남편	husband	허즈번드
낮 공연	matinee	매터네이
낮은	low	로우
낮추다(가격)	reduce	뤼듀우쏘
낯선 곳	strange place	스뜨뤠인쥐 플레잇쓰
내과의사	physician	퓌지션
내리다(차에서)	get off	게라프
내일	tomorrow	터마로우
냅킨	napkin	냅킨
너 / 너의	you / your	유 / 유어
넓은	wide	와이드
노래, 부르다	song / sing a song	씽 / 씽어썽
노력하다	try hard	츄롸이 하드
노선도	map	맵
노인	old man	오올드 맨
노출	exposure	엑쏘포우줘
논쟁하다	argue about	아규 어밭
놀다	play	플래이
놀라운	surprising	써프롸이징

놀리다	tease	티즈
놀이공원	amusement park	어무지먼트 파크
농구	basketball	바스킷보얼
농담	joke	죠오크
농업	agriculture	애그뤼컬춰
농장	farm	파암
높은	high	하아이
눈(신체)	eye	아이
눈	snow	스노우
눈동자	pupil	퓨펄
눈물	tear	티어
눈보라	snowstorm	스노우스또옴
눈사태	snowslide	스노우슬라이드
눈썹	eyebrow	아이브롸우
느슨한	loose	루즈

ㄷ

다른	different	디퍼런트
다리(교량)	bridge	브륏지
다리(사람)	foot / feet	풋 / 피트
다양한	various	베뤼엇쓰
다음 주	next week	넥스트 윅크
다이아몬드	diamond	다이여먼드
다치다	be hurt	비 헐트

단발머리	bobbed hair	법디드 헤어
단체관광	package tour	팩키지 투어
달력	calender	캘린더
달콤한	sweet	스위트
닭고기	chicken	치킨
담배	tovacco	터배커우
담요	blanket	블랭킷
당기다	pull	푸울
당뇨병	diabetes	다이어비티
당혹스러운	embarrassed	임베러쓰드
대기하다	stand by	스텐바이
대다수	majority	머쥐뤼티
대답하다	answer	앤써
대마초	marihuana	마리화나
대사관	embassy	엠버씨
대중교통	public transportation	퍼블릭 츄랜스퍼테이션
대통령	president	프뤠지던트
대합실	waiting room	웨이링 루움
대학교	college / university	컬리쥐 / 유니버스티
더러운	dirty	더티
도망가다	escape / run away	이스케이프 / 런어웨이
도서관	library	라이브러리
도시	city / town	씨티 / 타운

도자기	china / porcelain	촤이나 / 포쓰린
도전	challenge	챌린지
도착하다	arrival / arrive	어롸이벌 / 어화이브
독 / 독약	poison	포이전
독감	a bad cold	어 벧 코올드
독신의	single / unmarried	씽걸 / 언메뤼드
돈	money	머니
돕다	help	헬프
동료	colleague / fellow	칼릭 / 펠로우
동물 / 동물원	animal / zoo	애니멀 / 주
동부	the eastern part	디 이스터은 파트
동상	stature	스패츄
동양의	Asian	이시안
동전	coin	코오인
동쪽	eastern	이스턴
돼지고기	pork	포오크
두꺼운	thick	씩
두드러기	hives	하이브
두배의	double	더블
들이받다	run into	런 인투
등(빛)	light	라잇트
등(신체)	back	빽
등기우편	registered mail	뤠쥐스떨드 메일

부록

등대	lighthouse	라잇트하우스
등산	mountain climbing	마운턴 클라이밍
따로 계산	separate check	세퍼레이트 책
딱딱한	hard	하드
딸	daughter	도오러
땀	sweat	스웨이트
딸기	strawberry	스트로베리
땅	land	랜드
떨어지다(거리)	get off	겟 어프
뛰어난	excellent	엘설런트
뜨거운 / 더운	hot	핫

ㄹ

라디오	radio	뤠이리오우
라이터	lighter	라이러
럭비	rugby / football	럭비 / 풋보얼
레코드 가게	record shop	뤠코드 샾
로비	lobby / lounge	라비 / 라운쥐
리조트	resort	리조트
리프트	lift	리프트
리허설	rehearsal	리허설
룸서비스	room service	룸 써비스

마감	deadline	뎃라인
마늘	garlic	가아릭
마스크	mask	마스크
마시다	drink	듀륑크
마요네즈	mayonnaise	마요네즈
마을	village	빌리쥐
만나다	meet	미잇
만들다	make	메익
만년필	fountain pen	파운트 펜
만지다	feel / touch	피일 / 팃취
많은	many / much	매니(수) / 멋취(양)
만화	cartoon	카툰
말하다	say / tell	쎄이 / 텔
맛 / 맛있다	taste / delicious	데잇스트 / 딜리셔쓰
망원경	telescope	텔러스꼬우프
맡기다	check / deposit	첵 / 디파짓
매운	hot / spicy	핫 / 스빠이시
매진	sold out	쏘올아웃
매표소	ticket office	티켓 아피스
맥박	pulse	퍼얼쓰
맥주	beer	비어
맹장염	appendicitis	어펜디쓰티즈
먹다	eat / have	이잇 / 해브
먼	far	파아

부록

멀미	sickness	씨크니스
멋진	fabulous	페블러스
메뉴	menu	메뉴
면	cotton	카튼
면도	shaving	쉐이빙
면세점	duty-free shop	듀리 르뤼 샵
면허증	license	라이쎈스
명소	sights	씨잇쯔
명함	business card	비지니쓰 카아드
모기	mosquito	머쓰뀌토우
모닝콜	wake-upcall	웨컵 콜
모든	all / whole	어얼 / 호울
모래	send	쎈드
모자	hat / cap	해앳 / 캐앱
모자라다	lack / for short of	래액 / 포쇼어터브
모조품	imitation	이미테이션
모직	wool	우울
모피	fur	펄
목	neck	넥
목걸이	necklace	넥끌러쓰
목사	priest	프뤼쓰트
목소리	voice	보이쓰
목욕수건	bath towel	베쓰타월

목재	wood	우드
목적	purpose	프로포즈
목적지	destination	데스띠네이션
몸	body	바디
몸살이 나다	ache all over	에익 얼 오오버
몸이 좋지 않다	feel sick	피일 씩
묘지	cemetery	쎄미터뤼
무거운	heavy	해비
무게	weight	웨이트
무대	stage	스테이쥐
무례한	rude	루드
무료의	free	프리
무료 입장	free admission	프리 어드밋션
무릎	knee	니이
무역회사	trading company	츄뤠이링 컴퍼니
무지개	rainbow	뤠인보우
무효	invalid	인밸리드
묵다	stay	스테이
문제	problem	프롸브럼
묻다	ask	애스크
물다	bite	바이트
뮤지컬	musical	뮤지컬
미술관	museum / gallery	뮤지엄 / 갤러리

미식축구	American football	어메리컨 풋보얼
미용사	hairdresse	헤어드랫써
미혼	single / unmarried	씽걸 / 언메리드
민족	race / people	레잇쓰 / 피이플
민속무용	folk dance	포크 땐스
믿기 어려운	unbelievable	얼빌리블
믿다	believe	빌리브
밀가루	wheat / flour	위잇 / 플라워
밀다	push	펏쉬

바꾸다	change	췌인쥐
바다	sea	씨이
바닥	bottom	바럼
바닷가재	lobster	랍쓰떠
바람	wind	윈드
바쁜	busy	비지
바지	trousers / pants	츄롸우저즈 / 패앤쯔
박람회	fair	페어
박물관	museum	뮤지엄
반	half	하아프
반대편	opposite side	이퍼짓 싸잇
반지	ring	륑
반팔	short sleeve	쇼어슬라이브

반창고	adhesive plaster	얻히쓰브 플래스터
반품하다	return / send back	뤼턴 / 쎈드 백
발	foot	풋
발견하다	discover / find	디스커버 / 파인드
발송인	sender	쎈더
밝은	bright	브라이트
밤	night	나이트
방	room	뤼움
방법	method / manner	메써드 / 매너
방향	direction	니렉션
방해하다	prevent	프리벤트
배(신체)	belly / stomach	벨리 / 스터맥
배	ship / boat	쉽 / 보우트
배고픈	hungry	헝그뤼
배낭	backpack	백팩
배달하다	deliver	듈리버
배우다	learn	러언
백포도주	white wine	화잇 와인
백화점	department store	디파트먼트 스토어
버스정류장	bus stop	벗쓰땁
번호	number	넘버
범위	limits / extent	리밋쯔 / 익쓰텐트
범죄	crime	크롸임

벗다	put off	풋오프
베개	pillow	필로우
벼룩시장	fleam mket	플리이 마아킷
변비	constipation	칸스띠페이션
병	bottle	바털
병원	hospital	하쓰피럴
보내다	send	쎈드
보도	sidewalk	사이드워크
보다	see / look	씨이 / 룩
보상하다	give compensation of	기브 감펜쎄이션 옵
보석 / 보석 가게	jewel / jeweller's	쥬월 / 쥬월리즈
보조열쇠	extra key	엑쓰츄롸 키
보증금	deposit	디파짓
보험	insurance	인슈런스
보호하다	protect	프러텍트
복사하다	copy	카피
복잡한	complicated	캄플리게이티드
복통	stomachache	스떠막에익
봄	spring	스프링
봉투	envelope	엔벌러웁
부드러운	soft	써프트
부럽다	envy	엔비
부르다	call	콜

부모	parents	페어뤈쯔
부엌	kitchen	키췬
부유한	rich	릿춰
부족한	insufficient	인써피션트
부지런한	diligent	딜리줜트
부탁하다	ask	애쓰크
북쪽	float	프로우트
분실물	lost article	러스트 알리껄
분위기	atmosphere	앳버쓰피어
불	fire	빠이어
불교	Buddhism	부디점
불량품	defective	디펙티브
불면증	insimnia	인썸니아
불안한	uneasy	어니지
불평	complain	캄플레인
붕대	bacdage	밴든쥐
브래지어	brassiere	브뤠이지어
비	rain	뤠인
비누	soap	쏘웁
비단	silk	씨을크
비밀	secret	씨크리트
비상계단	emergency stairway	에멀전씨 스떼얼웨이
비상구	emergency exit	에멀전씨 액시트

비슷한	similar	씨믈러
비용	cost	코스트
비행기	airplane	에어플레인
빈방	vacant room	베이컨 뤼움
빈 자리	vacant seat	베이컨 씨이트
빈혈	anemia	에니미여
빌려주다	lend	렌드
빗	comb	코움
빙하	glacier	글래셜
빨대	straw	스뜨뤄어
빨리	fast / quickly	패스트 / 퀴끌리
빵	bread	브뤠드
빼다	remove	뤼무우브
뼈	bone	보운

사거리	crossroad	크뤄쓰뤄우드
사고	accident	엑씨던트
사기	swindle	스윈덜
사다	buy	바이
사람들	people	피이플
사람의 수	the number of persons	더넘버러펄쓴
사랑스러운	lovely	러블리
사막	desert	데저트

사무실	office	아풋쓰
사용료	fee	피이
사용하다	use	유우즈
사우나	sauna	싸우나
사원	temple	템펄
사진	picture / photo	픽춰 / 포로우
사진촬영 금지	no photographs	노 포토그래픽스
사촌	cousin	카전
사회	society	써싸여리
산	mountain	미운튼
산부인과 의사	gynecologist	가이너칼러쥐스트
산소마스크	oxygen mask	악쓰쥔 매스끄
살다	live	라이브
삼각형	triangle	츄라이앵글
삼촌	uncle	엉클
상대방	partner	파아트너
상반신	bust	바쓰트
상연(공연)	performance	퍼포먼쓰
상인	marchant	머춰트
상자	box / case	버억쓰 / 케잇쓰
상황	situation	씨츄에이션
새	bird	버드
새로운	new	니유

새벽	dawn	다안
샐러드	salad	쌜러드
생리대	pad / tampon	페에드 / 템폰
생선	fish	피쉬
생일	birthday	벌쓰데이
서두르다	hurry	허어뤼
서명	signature	씨그널춰
서점	bookstore	북쓰토어
서쪽	west	웨스트
섞다	mix	익쓰
선물	gift	기프트
선택	choice	쵸잇쓰
선풍기	electric fan	일렉츄익팬
설명서	instruction medicine	인스트렉션 메뉴얼
설사	diarrhea	다이여뤄어
설탕	sugar	슈거
섬	island	아이런드
성(건축)	castle	캐앳썰
성냥	match	매춰
성당	cathedral	커띠드럴
세관 검사	customs inspection	커스텀인스펙션
세금	tax	태엑쓰
세탁	wash / cleaning	왓쉬 / 클리닝

셔츠	shirt	셔어츠
소개하다	introduce	인튜로듀웃쓰
소고기	beef	비프
소녀 / 소년	girl / boy	거얼 / 보이
소매치기	pickpocket	픽포켓
소방서	fire station	파이어 스떼이션
소음	noise	노이즈
소지품	belongings	비렁잉
소풍	picnic	픽크닉
소화불량	indigestion	인디이줴스거
소화제	digester	다이줴스터
속달우편	express mail	익쓰프레스 메일
속옷	underwear	언더웨어
손 / 손가락	hand / finger	핸드 / 핑거
손수건	handkerchief	헹커취프
손톱	nail	네일
손해	loss	로쓰
쇼핑	shopping	샤핑
수리하다	repair	뤼페어
수면제	sleeping pill	슬리삥 피을
수수료	commission	커밋션
수술	operation	오퍼레이션
수신인	addressee	어드뤠쓰

수업	class	클랫쓰
수염	mustache	머스땟쉬
수영	swimming	스우밍
수입하다	import	임포트
수정	crystal	크뤼스탈
수족관	aquarium	에쿠어뤼엄
수표	check	첵
수하물	baggage	배기쥐
슬픈	sad	쎄드
시내 중심가	downtown	다운타운
시장	market	마켓
시청	city hall	씨티 허얼
식물원	botanical garden	버타니컬 가든
식중독	food poisoning	푸우드 포이저닝
신고	declaration	디클러뤠이션
신문	newspaper	뉴우끄페이퍼
신분증명서	identification card	아이덴티피케이션 카드
신용카드	credit card	크뤠딭 카드
신청하다	apply	어플라이
신호	signal / traffic light	씨그널 / 츄뤠픽라이트
신혼여행	honeymoon	허니무운
실수	mistake	미쓰테익
실패하다	fall	퍼얼

싫어하다	dislike / hate	딛쓰라익 / 해이트
쌀	rice	롸잇쓰
쓰레기	trash	츄렉쉬

ㅇ

아기 / 아내 / 아들	baby / wife / son	베이비 / 와이프 / 썬
아침식사	breakfast	브렉퍼쓰트
안개	fog / mist	포그 / 미쓰트
안경	glasses	글래씨
안내서	guide book / manual	카이드 북 / 메뉴얼
안내소	information office	인포메이션 아피쓰
야경	night view	나이트 비유
약 / 약국	medicine / pharmacy	메드쓴 / 파머씨
약속하다	make an appointment	메이컨 어포인먼트
양념	sauce	써엇쓰
어두운	dark	다크
어려운	diffcult	디피컬트
어지럽다	feel dizzy	피얼 디지
어학연수	language study	랭귀쥐 스터디
얼룩	stain	스떼인
여권	passport	패쓰포트
여행자수표	traveler's check	츄뤠블러즈 첵
연기	smoke	스모우크
연휴	consecutive holidays	컨씨큐티브 할러데이

부록

영수증	receipt	뤼씨이트
예매권	advance ticket	애드밴쓰 티킷
예방주사	preventive injection	프뤼벤티브 인젝션
예약취소 대기	stand by	스탠드 바이
왕복표	round trip ticket	라운츄럽 티킷
외로운	lonely	러운리
요금표	price list	프라잇쓰리스트
우체통	mailbox / postbox	메일박쓰 / 포스트박쓰
운전 면허증	driver's license	듀롸이버 롸이센쓰
유람선	excursion boat	익쓰커션 보우트
유실물 보관소	lost & found	로스트 앤 파운드
유행성 감기	influenza / flu	인플루엔자 플루우
일기예보	weather forecast	웨더포어케스트
일방통행	one way traffic	원웨이 츄렉픽
1일 이용권	one day ticket	원데이 티킷

자동차 사고	car accident	카 액시던트
작성하다	make out / complete	메이카웃 / 캄플릿
잔돈	change	췌인쥐
장난감(가게)	toy(toy store)	토이(토이스토어)
재발행하다	reissue	뤼잇슈
저녁식사	dinner	디너
전기	electricity	일렉트릭써티

전망이 좋은	with a nice view	위더 나잇쓰 비유
전문학교	professional school	프뤄페셔널 스쿨
전보	telegram	텔러그램
전염병	infectious	인펙츄엇쓰
전자제품	electronic goods	일렉추뤄닉 굳즈
전통적인	traditional	추뤡디셔널
전화번호부	telephone directory	텔러폰 디렉터뤼
절	temple	템플
절약하다	save	쎄이브
섭착세	glue	글루
점원	clerk / sales person	클러크 / 쎄일즈 퍼슨
접속	connection	커넥션
젓가락	chopsticks	챱스틱
정보	information	인포메이션
정숙	QUIET	부와이어트
정식(식사)	table d'hote	테이블 도테
정원	garden	가아든
정육점	meat shop	미잇 샵
정치, 정치가	politices / statesman	폴러틱쓰 / 스테잇맨
제목	title	타이틀
제외하다	exclude	익쓰쿨루우드
제출하다	present / submit	프뤼젠트 / 썹밑
조건	condition	컨디션

종교	religion	륄리젼
좌석, 좌석번호	seat / seat number	씨잇 / 씨잇넘버
주(날짜)	week	위이크
주(행정)	state	스테일
주유소	gas station	게쓰 스테이션
주의하다	be careful of	비 케어풀 어브
주차금지	NO PARKING	노우 파킹
지구	the earth	디얼쓰
지름길	short cut	숄컷
지불하다	pay	페이
지하도	underpass / subway	언더패쓰 / 썹웨이
지하철 노선도	subway map	썹웨이 맵
지하철 역	subway station	썹웨이 스테이션
직업	occupation	아큐페이션
진단서	diagnosis	다이아그노씻쓰
진실	truth	츄루쓰
짜증나게 하다	irritate	이뤼테이트

차갑게 만들다	cool(down) / get cold	쿨(다운) / 겟 콜드
차별하다	discriminate	디쓰크뤼미네이트
착각	illusion	일루젼
착륙	landing	랜딩
찬성하다	agree	어그뤼이

찬송가	hymn	힘
참석하다	attend / be present at	어텐드 / 비프뤠젠텟
창가자리	window seat	윈도우 씨트
찾다, 탐색하다	look for / search	룩 포 / 써취
채식주의자	vegetarian	베쥬테뤼언
처방전	prescription	프뤼스크립션
천식	asthma	애즈마
철도	rail road / railway	레일로드 / 레일어웨이
청구서	bill(식대), invoice(물품)	빌 / 인보잇쓰
체류기간	period of stay	피리이드 브 스데이
체온	temperature	템퍼뤄처
체질	constitution	칸스띠튜션
초과	excess	익쎄쓰
초대	invitation	인브테이션
초보자	beginner	비기너
최저요금	minimum charge	미너멈 촤지
추가하다	add to	애드 투
추월금지	no passing	노우팻씽
출국	exit	액씨트
출신지	home town	호움타운
충돌사고	collision	컬리줜
충치	dental caries	덴털 케어뤼즈
취미	hobby	하비

취소하다	cancel	캔쓸
치약	toothpastse	투웃쓰페이스트
치질	hemorrhoids	해머뤼잇즈
치통	toothache	투섹

ㅋ

카톨릭	Calhlic	캐톨릭
칸막이 객실	compartment	컴파트먼트
코	nose	노우즈
콘돔	condom	칸덤
큰	big / large	빅 / 라지

ㅌ

타다	get on / ride	겟 온 / 라이드
타박상	bruise	부뤼즈
탄산음료수	soda water	소다 워러
탈의실	fitting room	피팅 룸
탑승권	boarding pass	보딩 패쓰
태권도	Taikwondo	테권도
태풍	typhoon	타이푼
테러	lerrorism	테뤄뤼점
통역하다	interpret	인터프뤼트
통로, 통로쪽	aisle / passage	아일 / 패쓴쥐
통행, 통행인	traffic / passer by	츄레픽 / 패써바이
통행금지	No passing	노우 페씽

투명한	transparent	츄렌쓰러런트
특급열차	limited express	리미티드 엑쓰프레쓰
특별한	special	스페셜
특산품	speciality	스페셜리티

파도	wave	웨이브
파마	permanent	펄머넌트
판단하다	judge	줘지
판매	sale	쎄일
편견	prejudice	프뤼쥬딧쓰
편도표	one-way ticket	원웨이 티켓
편리한	comfortable	컴퍼터벌
편지	letter	레터
평가	evaluation	이밸류에이션
평균	average	에버뤼줘
평화롭게	peacefully	피이쓰펄리
폐관시간	closing time	쿨루징 타임
폐렴	pneumonia	뉴마니어
폐점	closed	쿨로우즈드
포기하다	give up	기브업
포장	wrpping	뤠핑
포함하다	include	인클루드
폭포	waterfall	워터펄

품목	item	아이템
피곤하다	get tired	겟 타이어드
피부과	dermatology	덜마타러쥐
피서지	summer resort	써머 뤼조트
피임약	contraceptive	칸츄리쎕티브
피해자	victim	빅텀

하수도	drain	듀뤠인
학생요금	student rate	스튜던트 뤠이트
학생증	student ID card	스튜던트 아이디 카드
한가한	free	프리
한국대사관	The korea Embassy	더 코리언 엠버씨
한기를 느끼다	have a chill	해버 취을
할인(하다)	discount	디스카운트
화장실	restroom	뤠스트룸
할증요금	surcharge	써촤아줘
항공권	airline ticket	에어라인 티킷
향수	perfume	퍼피윰
허가	permission	퍼밋션
현금지급기	ATM	에이터엠
현기증 나는	dizzy	디지
현지시각	local time	로우컬 타임
혈압	blood pressure	블러드 프뤠졀

어르신들을 위한 여행 영어
따라 읽으면 되는 여행 **영어**

초판 발행 2024년 4월 25일

지은이 편집부
펴낸이 김채민
펴낸곳 힘찬북스

출판등록 제410-2017-000143호
주소 서울특별시 마포구 망원로 94, 301호
전화 02-2272-2554
팩스 02-2272-2555
이메일 hcbooks17@naver.com

ISBN 979-11-90227-35-3   13700